直播带货全攻略

运营实战×吸粉引流×IP打造×活动运营×成交转化

桑昆 著

中国经济出版社

图书在版编目（CIP）数据

直播带货全攻略：运营实战 吸粉引流 IP 打造 活动运营 成交转化 / 桑昆著. --北京：中国经济出版社，2020. 9

ISBN 978-7-5136-6263-5

Ⅰ. ①直… Ⅱ. ①桑… Ⅲ. ①网络营销 Ⅳ. ①F713. 365. 2

中国版本图书馆 CIP 数据核字（2020）第 148250 号

责任编辑　张梦初　陈宇慧　戴　瑛
责任印制　巢新强
封面设计　卓义云天

出版发行　中国经济出版社
印 刷 者　北京艾普海德印刷有限公司
经 销 者　各地新华书店
开　　本　710mm×1000mm　1/16
印　　张　16
字　　数　210 千字
版　　次　2020 年 9 月第 1 版
印　　次　2020 年 9 月第 1 次
定　　价　58. 00 元
广告经营许可证　京西工商广字第 8179 号

中国经济出版社 **网址** www. economyph. com **社址** 北京市东城区安定门外大街 58 号 **邮编** 100011

本版图书如存在印装质量问题，请与本社销售中心联系调换（联系电话：010-57512564）

前　言

Preface

2020年4月6日，央视主持人朱广权与淘宝红人主播李佳琦携手做了一场公益直播——“谢谢你为湖北拼单”，助力湖北复工复产，成交额超过了4000万元。这场公益直播的成功坚定了央视以直播带货助力复工复产的决心。之后，欧阳夏丹与王祖蓝、蔡明等明星携手将“谢谢你为湖北拼单”的公益直播迁移到快手，累计观看人次达1.27亿，成交额6100万元。5月2日，康辉、朱广权、撒贝宁、尼格买提齐上阵，一场“为美好生活拼了”的直播以2亿元的成交额圆满结束。5月10日，朱广权、李佳琦再次披挂上阵，开启“国货正当潮”直播专场……

因新冠肺炎疫情停滞了近三个月的生产、生活，似乎在一夜之间被直播带货重启。很多人将直播电商称为2020年的新风口，但其实直播电商、直播带货并不是新风潮。从蘑菇街上线购物袋，将直播与电商相融合，到淘宝上线直播频道，再到抖音、快手等短视频平台接入直播电商。直播电商的发展已有三四个年头，而且表现一直不错。

作为新媒体时代的主流行业，直播与移动电商有着非常密切的关系。从本质上看，无论直播还是移动电商都是为了吸引流量、转化粉丝、创造盈利，这就为直播与移动电商的结合奠定了基础。相较于移动电商，直播电商有很多优点：

- 作为一种新兴的营销模式，直播电商利用人们的好奇心吸引了大量流量，成为新的流量池，可以解决传统电商获客难、获客贵的难题。
- 生活节奏越来越快，人们不愿意花费太多时间与精力浏览商品详情页，查看买家评论判断这些信息是否真实。在直播电商环境中，主播将商品信息直接讲给观众听，并代替观众验证商品质量，降低了购物的决策成本，在一定程度上刺激了人们的消费欲望。
- 在直播电商模式下，通过主播介绍与试用，消费者可以获得更多与产品有关的信息，判断商品是否适合自己，降低购买风险。
- 在直播电商模式下，消费者可以和主播实时互动，所提问题能够得到详细解答，从而获得更好的购物体验，激发购买冲动。
- 明星、红人的加入可以带来巨大流量，为品牌、商家带来超高人气，加速商品售出，提高交易额，甚至可以实现精准营销。

一些人最早发现这一点，抓住平台红利一跃成为头部主播，例如淘宝薇娅、李佳琦，快手辛巴、娃娃夫妇，蘑菇街大韩、瑜儿等。但直播电商兴起的时间毕竟尚短，还没有形成固有的模式，只能依靠主播及其团队独立探索。所以，面对这个新风口，很多新人主播、商家、企业都有心无力，不知道如何抓住机会强势崛起，建立自己的品牌，成为头部 IP。

本书秉持实战性原则，手把手教你玩转电商直播。本书共分 8 章，从直播带货的底层逻辑与变现路径切入，对目前四大主流直播平台——淘宝、蘑菇街、快手、抖音的带货模式、入驻流程做了详细解析；对直播带货涉及的硬件选择、账号设置、场景搭建、直播带货技巧、粉丝运营、IP 打造、直播内容策划、直播带货流程、成交转化等做了立体化阐述。结合丰富的案例与图表，为读者提供最翔实、实用的直播电商运营攻略，适合电商主播，尤其是新入门的电商主播，想要借直播电商新风口崛起的企业、商家、品牌，以及直播电商行业研究者阅读。

本书导读：

第 1 章，从电视购物到直播带货的发展历程开始，对直播带货的发展、底层逻辑及 6 大变现路径做了详细解析，让读者对直播带货有了大致了解。

第 2 章，直播入门，讲解直播的基本知识，例如直播行业的基本规则，目前四大主流直播电商平台——抖音、快手、蘑菇街、淘宝的运营模式，主播如何选择适合自己的直播电商平台，直播公会有哪些功能，主播是否要加入直播公会等，帮读者解决对直播电商的初级困惑。

第 3 章，新手上路指南，这一章主要面向新人主播，讲解直播硬件设备如何挑选，包括电脑、麦克风、摄像头等；直播账号如何设置，包括账号昵称、账号头像、封面图、直播标题等；直播间有哪些风格，如何布置、装饰等，帮助新人主播解决一些基础问题。

第 4 章，进阶技巧，这一章主要介绍主播如何塑造自我形象，包括如何化妆、如何做好情绪管理，如何应对直播过程中的冷场，如何通过粉丝运营积聚人气，形成自己的影响力，为直播带货、流量转化奠定良好的用户基础。

第 5 章，IP 打造，直播带货的核心依然是 IP 经济，主播 IP 影响力越大，转化成交效果就越好。本章介绍了主播适用的 6 大 IP 原型，超级主播 IP 的 4 大核心价值，以及主播通过内容运营打造自身 IP 的实用技巧，为主播打造 IP 提供战略指导。

第 6 章，战略规划，这一章主要讲解如何策划并实施一场直播活动，包括如何打造一个具有超强执行力的直播卖货团队，如何策划一个成熟的直播卖货脚本，如何推动直播卖货流程落地等，帮助主播解决直播活动策划与实施过程中可能遇到的一系列难题。

第 7 章，成交转化，直播电商的最终目标就是成交转化，流量变现。

这一章主要介绍了促成交易的话术技巧，提高直播转化率的几大策略，内容详略得当，实用性极强，对主播直播带货具有极强的实践指导意义。

第 8 章，淘宝直播带货实战，这一章以目前最流行的直播电商平台淘宝为例，介绍了淘宝直播电商的操作流程、选品攻略、吸粉技巧、提高转化率的实用策略等，带领读者快速进入实战模式，做一场成功的淘宝带货直播。

目　录

Contents

第1章
风口掘金：一场全民参与的卖货狂欢

1.1 行业简史：从电视购物到全民直播卖货

1.1.1 1.0 时代：魔性电视购物

达人带货可以追溯到电视购物。一直以来，国人对电视购物都颇有微词。但其实，在美国、日本、韩国等国家，电视购物是一条非常重要的购物渠道。商家可以通过电视购物将优质的产品介绍给消费者，消费者可以通过电视购物享受商家提供的便捷的配送服务。据了解，美国有线电视网电视购物频道一年的销售额能够达到上百亿美元。其中，1986 年成立的电视购物公司 QVC 在 1987 年的营业额就超过了 1 亿美元，到 2006 年，其营业额已增至 80 亿美元。

在我国，1992 年，广东省珠江频道推出了内地第一个购物节目；1996 年，北京 BTV 推出了内地第一个专业的购物频道。此后，购物频道越来越多，电视购物也越来越流行。“原价 1998，现在只要 998，只要 998”“你还在等什么，现在赶紧拿起手机拨打屏幕下方的电话”，主持人激动的嗓音，极具煽动性的广告词，不断响起的电话铃声，成了不少“80 后”的童年记忆。

在我国，虽然电视购物一直被人诟病，但其威力却不容小觑。因为迎合了部分消费者的购物偏好，而且形式新颖，所以电视购物的营收能力非常强大，支撑起了多家上市公司。

专注于电视购物的橡果国际成立于 1998 年，2007 年在纽交所上市，当前市值达到了 4645 万美元。2014 年 3 月，重回上海东方传媒的黎瑞刚主导进行“大小文广”整合,“东方购物”的营业收入达到了近百亿，几乎占到了公司总收入的 50%。2015 年，湖南广播影视集团与湖南卫视联合注资成立的快乐购登录创业板，同年，广电系电视购物第一股风尚购物也挂牌新三板。

电视购物吸金能力之强可见一斑，其“前期铺垫—产品露出—价值体系—最后冲击”的展示模式非常容易刺激中老年消费者产生购买冲动。经过几年时间的发展，电视购物形成了一个完整的产业链，如图 1-1 所示。但同时，电视购物也因虚假宣传、退货难等问题遭到了大量投诉。更重要的是，受传播媒介限制，电视购物错失了“90 后”“00 后”这批主流消费群体。

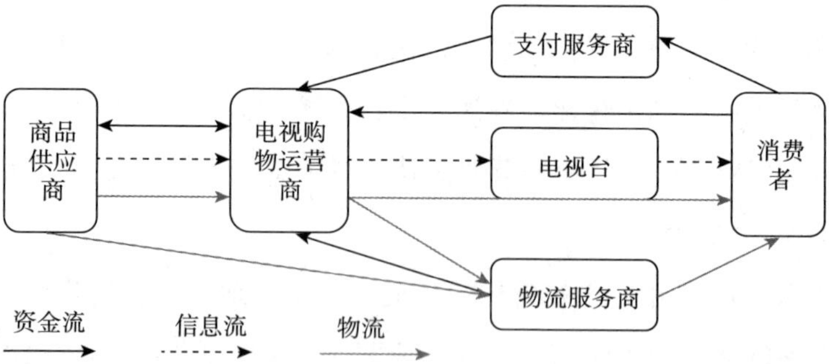

图 1-1　电视购物产业链

2015 年，电视购物达到顶点，之后进入负增长阶段，即便是已经上市的电视购物公司也表现得非常不尽如人意。2015 年第一季度，橡果国际暂停了电视直销渠道。2019 年上半年，风尚购总营收同比下降 18%，亏损达 3198 万元。随着移动电商的不断崛起，电视购物逐渐走向了末路。

1.1.2 2.0 时代：图文内容为电商导流

虽然电视购物的热度已经慢慢消退，但它曾经的火爆证明“懒人经济”在我国拥有庞大的市场。进入互联网时代之后，随着社交软件的逐渐兴起，社交平台上的达人逐渐取代了电视购物节目中的主持人，成为新的购物引导者。微博也成为达人带货的主阵地。

2013 年 4 月底，阿里巴巴入股微博。根据协议，双方将在账户互通、数据交换、在线支付、网络营销等领域合作，探索社会化的电商模式，催生了初代达人带货。当时，微博用户已经超过 5 亿，拥有巨大的用户流量，兴起了一大批微博达人，其中很多都是淘宝模特，如张沫凡、雪梨等。

据了解，达人带货的逻辑非常简单，就是先将流量转化为粉丝，然后再利用内容将粉丝转化为用户，向社区运营的方向发展。在微博独领风骚的时代，达人会以图文的方式发布美妆教程、穿搭教程，分享自己的日常生活、情感状态，吸引积聚粉丝，如图 1-2 所示。后来，随着秒拍、一直播等平台崛起，达人将图文内容转化为短视频，或者以直播的方式呈现给用户，不断地积累粉丝。

图 1-2　微博达人的内容分享

早期，达人发布图文内容、短视频内容的目的并不是带货，而是为了打造个人 IP，积聚粉丝，扩大自己的影响力，在社交媒体上引起广泛关注。为了达到这一目的，他们不仅前往世界各地拍照，在微博分享自己的精致生活，还会拍摄美妆教程，向粉丝分享搭配心得等。在这些达人的带动下，很多年轻人改变了自己的消费观，开始追求款式新颖、单价较低的达人品牌。

对于网络原住民来说，达人的选款能力是他们非常看重的，他们会因此与达人建立强信任关系。而达人也非常擅长粉丝运营，会根据转发、点赞、评论对款式进行测评，将销售与供应链紧密联系在一起。为了解粉丝的需求，达人每天会花 5~6 个小时的时间看评论、看私信。随着粉丝数量达到一定等级，达人会前往淘宝平台开设自己的店铺或推出自己的品牌，利用之前积累的信任引导粉丝购买，完成流量变现。

达人带货的兴起不仅改变了消费者的购物习惯，还推动了供应链变革。

为了刺激粉丝消费，达人的上新频率越来越快，有的以月为单位上新，有的以周为单位上新，而且都采用预售方式。也就是在产品正式上架前先发布预览，在微博与粉丝互动，收集粉丝意见，根据这些意见判断产品销量，然后向工厂下单。

预售模式促使工厂原本的生产模式发生了很大改变。以服装厂为例，过去，一家服装厂一年只生产几款爆款产品，每个款式生产上万件，如果能顺利销售出去就能获得可观的收入，如果销售情况不好就要面临库存积压，资金无法周转等问题。在预售模式下，工厂的生产模式转变为小批量多款式生产，而且返单能力极强。

达人在注册了自己的品牌之后，不仅会亲自参与产品设计，还会就用料、生产等问题与工厂直接沟通。因为给工厂带来了不错的收益，所以在与工厂交涉方面，达人掌握了一定的话语权。至于中腰部达人，他们更向往与品牌合作，创造了一种新的品牌营销方式。

在这个阶段，达人们的心态不断改变。在与粉丝互动的过程中，受粉丝影响，达人的审美也在不断改变。但从整体来看，这个时期能够带货营销的达人数量较少。

1.1.3 3.0 时代：明星达人商品秀

2015—2016 年，中国直播产业飞速发展，不到一年时间上千家创业公司横空出世，一些大企业也纷纷入局。

2016 年 3 月，淘宝直播上线；2017 年，快手短视频开始尝试电商带货；2018 年 3 月，淘宝直播进入手机淘宝第一屏，DAU 突破千万；2018 年，抖音短视频开始尝试电商带货；2019 年 4 月，微信公众号开始尝试直播带货，如图 1-3 所示。在此趋势下，达人带货逐渐从微博转向各大直播平台。

图 1-3　直播电商的发展

在电商直播带货达人中，李佳琦是典型代表。原本从事美妆导购的李佳琦，曾在一次直播活动中创下 5 分钟售出 15000 支口红的纪录，带货能力远超马云。在成为淘宝主播 2 年多的时间里，李佳琦几乎每天都在重复同样的工作，下午 3 点至 7 点挑选产品，8 点 15 分开始直播。

有媒体报道，每天有超过 10 个商务团队排队等待李佳琦，所有备选商品都会转化为库存、原价、优惠价、佣金比例等指标呈现在他面前，李佳琦需要在 1 秒钟之内做出判断，是去还是留。如此高的运转效率保证他能够挑选到足够优秀的产品，并在 4 小时的直播里将产品特点及优惠信息向粉丝介绍清楚。

随着电商平台的获客成本越来越高，对于零售商、品牌商来说，达人带货成为一种新的低成本、高转化的拉新促活方式。根据 Quest Mobile 报告，目前，在移动电商领域，"90 后""00 后" 已成为核心消费群体，他们有着强烈的购物欲望，而且非常容易产生冲动消费，对意见领袖的购物引导有着较强的依赖。一方面，在意见领袖的引导下购物，可以降低时间成本。另一方面，直播的即时性、刺激性会引发跟风消费。

从本质上看，直播带货就是主播利用最短的时间向观看直播的用户展示产品，讲解产品的价值，刺激用户产生购买冲动。所以电商直播的节奏都非常快，一旦慢下来，用户的消费冲动就会随之消失。因此，在直播带货时代，真正考验达人的不是外在形象、气质和才艺，而是语言能力、表演能力、与粉丝的互动能力。

随着直播带货的形式逐渐成熟，达人开始走出直播间，走进商场、农场、工厂等商品生产一线，开始利用“走播”的方式带货。2018 年，主播湘西九妹帮助村民销售山货，2 天售出 40 万元的猕猴桃，13 天售出去 100 万千克橙子，得到了官方媒体的肯定与称赞，如图 1-4 所示。而在此之前，因为交通问题，每到水果成熟季节，村民都会为水果的销售问题头疼不已。再例如，奉化溪口镇新建村一户人家的水蜜桃到了成熟季节迟迟找不到经销商，最终 15 名主播用了 1 个小时将 3000 斤水蜜桃销售一空。

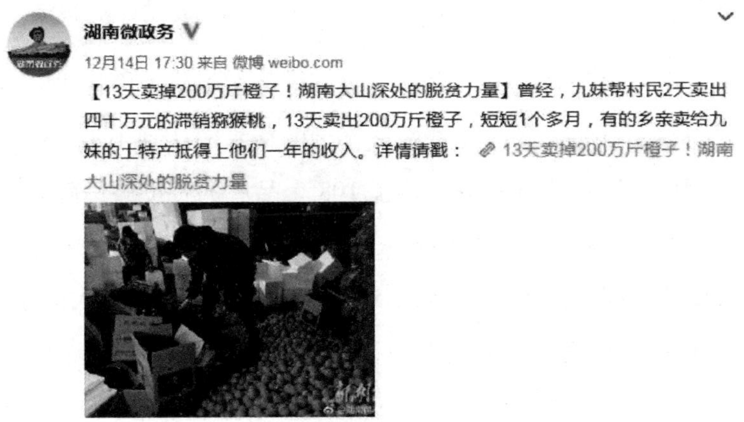

图 1-4 湖南微政务赞赏湘西九妹

2018 年“双 12”期间，淘宝主播分别在武汉汉口北服装城、湖州织里童装城、海宁皮革城、景德镇陶瓷等地开展了为期 12 天的直播，带动这些地区的产品销售额增长了 2 倍。

在 3.0 阶段，随着达人生态越来越庞大，达人们逐渐从单兵作战转向工业化体系。例如，薇娅与谦寻，李佳琦与美 ONE。MCN 机构为了拓展变现方式，开始自己培养带货达人；有些达人为了壮大自己的团队规模，开始涉足 MCN 行业，使整个行业生态越来越完善。

目前，各大平台在直播电商领域的投入仍在不断增加。2019 年，淘宝计划打造 200 个销售额过亿的直播间；京东的红人孵化计划持续推进，并为此投入了不少于 10 亿元的资源，包括京东 App 发现频道、视频直播等站内资源，以及抖音、快手、今日头条等站外流量资源。总而言之，在此阶段，在各大平台的助力下，达人带货的价值被不断放大。

1. 1. 4　4. 0 时代：全民直播卖货

在微博与直播时代，达人带货始终没有脱离达人的范本。短视频的崛起使带货群体的特征得以彻底改变，无论素人还是明星都开始尝试直播带货。

有着快手“最强带货王”之称的散打哥曾在 1 分钟内售出 3 万单单价 19. 9 元的牙膏；快手主播辛巴在婚礼当天的交易额达到了 1. 3 亿元；抖音达人“七舅脑爷”的直播首秀获得了 108 个品牌的赞助……随着短视频平台直播带货的兴起，越来越多的素人成为达人，与平台互相成就。

素人变达人固然离不开平台的支持，但更多的还是个人的不甘平凡。以“七舅脑爷”为例，在成名之前，“七舅脑爷”是一家国企的电气工程师。一年冬天，他和领导出差，遇到一个技术性难题。如果用他的办法，半小时就能解决问题，但领导却坚持使用传统办法，最终花费了 2 天时间。因为这件事情，他萌生了辞职的想法。辞职后，他尝试过很多职业，如销售、片场助理等。后来，在看到疯狂崛起的短视频平台之后，他决定做一名短视频博主，并一举成名。素人的加入使达人带货的产品品类大幅拓展，原本达人带货的产品品类只局限于衣服、化妆品等，但现在达人带货的产品品类已经拓展到了日用品、农副产品等领域。但同时达人也开始进一步细分，如数码科技达人、美食达人、美妆达人、服装搭配达人等。

与此同时，很多自带流量的明星也开始加入直播带货队伍。2019 年 4

月 22 日，主持人李湘在淘宝直播做了首播之后，几乎每个星期都会直播一次，推销的产品涵盖了洗护用品、美妆产品、家电、生鲜零食等多个品类，单月成交额超过 1000 万元；柳岩直播 3 小时销售额达到了 1500 万元；郭富城 5 秒售出 16 万瓶洗发水。

在此阶段，很多短视频平台开始创建自己的电商系统。在抖音平台，用户点击商品橱窗中的商品可以直接跳转到淘宝平台，当然也可以通过抖音自有店铺购买；在快手，很多达人都拥有了自己的“快手小店”。

除短视频平台外，其他类型的平台也开始尝试带货。

2018 年 11 月，在阿里巴巴投资小红书之后，小红书在手机淘宝进行了一轮内测，将部分商品与小红书的内容建立连接。2019 年初，B 站与阿里巴巴合作尝试达人带货。目前，这些平台的达人带货基本上还是向淘宝引流，没有从根本上颠覆电商行业现有的竞争格局。

在此阶段，对于达人来说，最重要的素养不是颜值，而是亲和力与耐心。在直播带货的过程中，主播不仅要全面了解每一件产品，而且要不厌其烦地讲解，实时照顾观众情绪。很多时候，在一场带货直播中，这些达人要身兼数职，不仅是主播，还是促销员、试穿员、试用员、售前客服等。

但不是所有带货主播的付出与收获都能成正比，如果主播不是头部达人，新客留客率会非常低。一直以来，达人直播的习惯都是通过流量沉淀粉丝，粉丝只关注主播，品牌意识较低。即便一个不知名的品牌，经过达人主播推荐也能获得很好的销量。

据了解，2019 年 5 月，淘宝直播的 DAU 达到了 900 多万，其中，薇娅的观众有 300 多万人，李佳琦有 200 多万人，剩下的 400 多万流量被 6 万多直播间瓜分。其实，在这个阶段，无论是 MCN 还是电商平台，头部达人出现的概率都在不断下降。对于电商平台来说，要想实现更好的增长，必须让八成以上的非头部达人突围，获取更多流量。

从 1992 年广东珠海频道推出第一个电视购物节目到现在，达人带货已走过 27 年的历程。纵观达人带货的这 4 个发展阶段可以发现，达人带货史其实就是一部互联网流量的变迁史。哪里有流量，达人就会出现在哪里。这些达人在微博、微信、直播平台、短视频平台、电视平台之间流转，内容与形式或许有所改变，但其通过运营粉丝完成变现的终极目标始终没变。

狄更斯说："这是一个最好的时代，也是一个最坏的时代。"

对于现有的达人来说，这就是最好的时代。便捷的网络、多样化的平台、无门槛的操作、MCN 机构的兴起，原本普普通通的他们摇身一变成为达人，通过直播带货迅速积累名气与财富。目前，直播电商的蛋糕仍在不断变大，达人推销获得了越来越多广告主的青睐。2017 年，有 57.73%的达人与广告主成功签约，广告收入成为达人的一个主要收入来源。值得注意的是，希望通过与达人合作进行宣传营销的广告主已经从美妆、服装等行业向汽车、餐饮等领域拓展，同时，广告主的预算也在不断增加。

但对于达人来说，要想持续变现并不容易。一方面，流量红利能发挥的作用越来越小，头部达人面临的压力越来越大，腰部达人依然无法突围。因为崛起速度过快，导致头部达人没有时间建立竞争壁垒，只要停下就有可能被人超越，即便如薇娅、李佳琦之流，面对如此激烈的竞争，也丝毫不敢懈怠。

1.2 底层逻辑：直播卖货崛起的底层奥秘

1.2.1 还原现场：因真实产生信任

在直播卖货的过程中，主播要想获取观众信任必须做到三点：一是真实，二是守信用，三是有信誉，如图 1-5 所示。其中，真实是最重要的一点，其要求主播介绍产品时不虚假，言行一致，言出必行。用户在观看直播的过程中会对主播的言行进行评价，如果主播始终言行一致，就能获得用户的信任，而且随着时间的不断推移，这种信任会逐渐转变为主播的信誉。当主播拥有良好的信誉之后，就能获得更多用户的信任，从而形成一个良性循环。

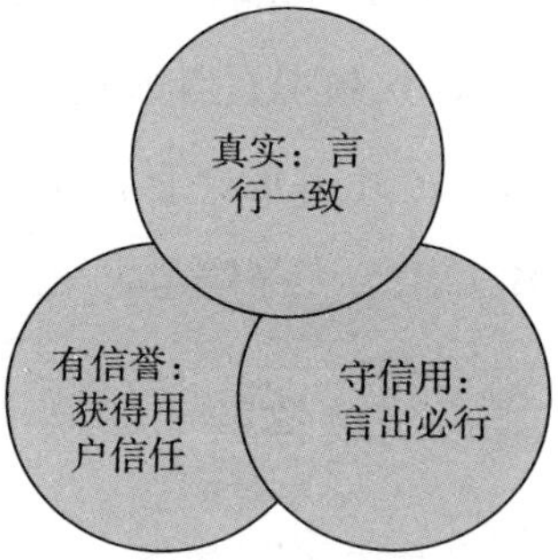

图 1-5　主播获取观众信任的三要素

作为一种传播活动，广告营销会受到多种因素的影响，例如媒介条件、时空条件、特定的公众对象等。所以，广告营销所传达的信息必须经过选择，不一定要将所有产品信息全部传达出去。站在市场竞争角度来看，一场成功的营销推广必须对需要传播的信息进行精心选择。

现阶段，广告宣传早已不再局限于简单地表现产品，而是开始注重彰显产品个性、突出服务特质、形成独特魅力。虽然通过精心选择营销信息来进行产品宣传无可厚非，但必须保证信息的真实性。也就是经过筛选后所宣传的所有产品特质都是真实存在的，产品的个性化卖点必须反映产品的本质属性，不会让消费者对产品产生错误认知。例如，一个橡木书桌，如果广告只说“橡木书桌”，没有说明桌面以下部分的材质，就说明这个信息选择是片面的、不真实的。

传统电商多用图文展示产品信息，因为这种方式所能展示的信息有限，所以很难完全取得消费者的信任。直播卖货因为更直观、全面，而且是真人拿着实物讲解，所以可以帮助消费者更细致地了解产品，获得更真实的购物体验。另外，相较于图文来说，直播所能展示的信息更加丰富，可以让消费者更直观、更全面地了解产品与服务，降低试错成本，享受到更极致的购物体验。所以，相较于图文卖货来说，直播卖货的转化率更高，转化效果更好。

根据美国视频电商 Joyus 统计：相较于传统的图文展示，直播营销的转化率要高出 5.15 倍。同时，视频观看者购买商品的次数要比非视频观看者购买商品的次数高 4.9 倍。由此可见，直播卖货可以有效刺激消费者产生消费冲动，缩短决策路径，提高产品销量。

1.2.2 边看边买：一站式购物体验

目前，直播平台都有“边看边买”功能，用户在观看直播的过程中想要下单购买，只需点击直播页面“浮”出的商品，加入购物车或者直接购买。在这个过程中，直播不会中断，完全不会影响用户的观看体验。电商与直播的融合创造了“边看边买”的购物新模式。2016 年 3 月，蘑菇街率先引入直播。起初，直播间并没有购物功能，主播主要通过分享穿搭经验吸引粉丝。在这个过程中，有观众通过弹幕询问商品链接。为了引流，主播会将店铺名称写在一张纸上，将粉丝引向自己的店铺。

在发现了用户“边看边买”的购物需求之后，蘑菇街上线了购物袋功能。用户在观看直播的过程中，如果产生购买冲动，可以点击页面右下角的购物袋，选择商品颜色与尺码，也可以点击商品详情页了解商品信息。此时，直播窗口会自动缩小，用户浏览商品信息时直播也不会中断。蘑菇街的购物袋功能首次将整个购物流程融入直播间，拉开了“边看边买”的序幕，如图 1-6 所示。

从消费者的角度看，这种“边看边买”的购物方式解决了网络购物的一大难题。过去，在网络购物环境中，消费者只能通过浏览图文信息了解商品，如果图文信息不真实、不全面，消费者可能会做出错误的购买决策。但在直播电商模式下，主播会通过镜头全方位展示产品，会对产品的优缺点进行讲解，会试穿、试用并分享使用体验，帮助消费者降低试错成本。而且“边看边买”，与主播实时互动，在评论区与其他用户交流，这种互动式消费可以让消费者享受到愉快的购物体验。

图 1–6　蘑菇街“购物袋”开启“边看边买”模式

从商家的角度看，直播带货、“边看边买”在直播间内营造了非常热烈的购物氛围，通过语言刺激很容易让消费者产生冲动消费，增加产品销量，提高转化率。台州的农产品就是直播营销的一大受益者。2016 年，三门网络青蟹节邀请了很多达人开展网络直播，首次通过“五大网红带你游三门品青蟹”的直播活动向消费者展示三门青蟹从养殖到端上餐桌的全过程。借鉴三门青蟹的这一做法，仙居杨梅对杨梅的生长过程做了一次 24 小时不间断直播，获得了极好的销量。

直播营销、“边看边买”就是有这样的“魔力”，可以瞬间吸引流量，让人不自觉地下单。据不完全统计，在“五大网红带你游三门品青蟹”直播活动当天，有 5 万多用户观看直播，活动期间三门青蟹的销量超过了 1 万单。

当然，直播营销的“边看边买”不是简单地看和买。直播团队会对直播内容进行精心设计，对受众群体进行全面分析，向其精准地推荐商品，最终通过“边看边买”功能引导观众下单，完成流量转化。

1.2.3　社交互动：面对面无缝沟通

在物联网时代，企业与用户从简单的交易关系转变为复杂的交互关系。在传统电商时代，淘宝、京东等电商平台无论多么强大也只是一个交易平台，即便平台上会产生交互，用户能获得的也只有产品价格、性能等基本信息。但在物联网时代，传统顾客会转变为社群用户或企业的终身用户，企业与用户不仅开展交易，还能开展情感交流，建立信任关系。对于企业来说，想要将用户发展为自己的终身用户，必须改变消费者的需求。

企业与用户交互是互联网向物联网发展的必然趋势。凯文·凯利在《必然》一书中提出了 12 个代表未来 30 年大趋势的动词，其中一个词就是“交互”。未来，随着技术不断发展，人与人、人与物、企业与用户之间的关系将发生巨大改变，人会越来越追求个性化，而企业的任务就是满足人的个性化需求。

对于数字时代的原住民来说，“交互”已经成为一种本能。对于这一点，海尔张瑞敏认为：未来，在企业眼中，用户前面必须加上两个字“交互”，从“用户”变成“交互用户”。企业只有与用户开展真实的交互才能了解用户需求，帮用户解决问题，创造出对用户来说真正有价值的产品和服务。

在传统的网购环境中，消费者的每一次购物都要面临一定的风险，例如商品实物与描述不符，商品功能无法满足自己的需求等。这些购物风险的根源在于消费者与商家的交互不足，没能全方位了解商品。而且，这种交互不足还会引发另外一个问题，消费者与商家只能开展一次性交易，消费者买过即走，很难产生复购。

相较于一次性的、冰冷的交易，终生的、温暖的交互是一种发展与进步。直播卖货要想获得较高的销量，必须不断拉近与用户的距离，与用户进行情感交流，以用户为中心，不断地为用户创造价值。想要做到这一点，主播必须与用户进行深度交互，了解用户的特点，主动获取用户反馈。

主播与用户互动需要掌握一些技巧，尤其是新人主播。如果直播开始之后，主播已经进入正题开始推荐产品，评论区却十分安静，没有用户留言。面对这种情况，主播不要气馁，只要直播间有人就要按照既定的直播流程推进，可以在分享产品的过程中穿插一两个足以引发讨论的话题，例如主播讲述一个生活中的趣事，然后询问用户："大家在生活中有没有遇到过这种情况?"用问题引导用户互动，活跃直播间的气氛。

另外，需要注意的是，直播带货最重要的是货源，因为用户进入直播间的目的是购买产品，不是和主播聊天。所以，只要货源优质，主播耐心讲解，一旦产品切中了用户需求，用户就会主动提问，询问产品的材质、型号、功能等。只要有用户提问，主播就可以顺着话题延伸下去，增进与消费者的互动，挖掘消费者的需求。

直播电商为买卖双方提供了一个直接交互的平台，将传统电商客服与消费者的一对一交互转化为一对多交互，不仅提高了互动效率，而且用生动的语言增进了与用户的情感交流，更容易获得用户的信任，刺激用户做出购买行动。

1.2.4 一对多交互，优化客服体验

据国际权威机构调查：因客户服务质量不佳，企业会流失 94%的顾客；因没有解决顾客问题，企业会流失 89%的顾客。而每一位没有获得满意服务的顾客平均会向 9 位亲朋好友诉说自己不愉快的购物经历。在所有没有获得满意服务的顾客中，有 67%的顾客会选择投诉。通过解决用户投诉，企业可以挽回 75%的顾客。如果企业在解决顾客投诉的过程中，能让顾客产生受重视、受尊重的感觉，可以挽回 95%的顾客。对于企业来说，获取一名新顾客的成本是维护一名老顾客的成本的 6 倍。

在任何一家企业，客户服务都无法直接创造经济效益。为此，很多企业将客户服务中心视为成本中心。客户服务是一个需要持续很长时间的工作，基本上无法获得直接回报。并且维持良好的客户服务需要企业投入巨大的成本，提供优质的客户服务所需要的成本更高。即便如此，很多企业依然设置了客户服务中心，而且非常重视客户服务，就是因为客户服务直面客户，而客户是企业生存、发展的根本。通过为客户提供优质的服务，企业可以获得客户的支持与信赖，留住老顾客，拓展新顾客，获得源源不断的收益，这是客户服务的价值所在。

要为客户提供优质的服务，客服人员必须拥有丰富的经验，可以有效应对、处理各种问题与事件，具体如表 1-1 所示。但因为客服岗位的工作强度大、工资待遇低，客服人员需要承担很多负面情绪，再加上岗位晋升路径不明确，工作内容枯燥乏味等，导致客服人员离职率非常高，无法让客户享受到稳定、优质的客服体验。

表 1-1 客服人员应具备的基本素质

基本素质	基本知识	基本技巧
责任心	专业商品知识	微笑待客

续表

基本素质	基本知识	基本技巧
耐心	网站交易规则	保持积极的态度
细心	支付宝流程与规则	礼貌待客，多说谢谢
同理心	物流	坚守诚信
自控力		倾听顾客声音，为顾客着想

某网友在社交媒体上分享了这样一次客服体验：

“我在某网店买了一件衣服，衣服发货很快，但到了我所在城市的物流中转中心之后就失去了踪迹，物流状态一直没有更新。于是，我向店铺客服反馈，客服让我耐心等待，说他们会联系快递尽快送货。结果 5 天过去了，快递一直没有送到，客服依然让我等待。于是，我申请退款，客服以商品未收到为由拒绝。不得已，我申请了淘宝客服介入才拿到退款。这家店铺的客服虽然没有恶语相向，但这种不积极解决问题的态度确实非常令人恼火。”

对于电商来说，客服是其与消费者沟通的重要渠道，其服务态度的好坏可能会直接影响消费者对整个店铺的印象。在传统的销售模式中，网店客服身兼数职，不仅要回答顾客对产品的各种问题，还要处理售后投诉，很难顾及每一位顾客。直播卖货很好地缓解了网店客服的工作压力。因为在直播卖货的过程中，主播会一对多地为顾客讲解，避免客服人员花费大量时间为顾客解答那些简单的、重复性的问题，在很大程度上降低了售前客服的工作压力，让他们可以集中精力处理售后事宜，极大地提升了顾客的满意度，增强了顾客对店铺的好感，成果显著。

1.3 变现路径：详解直播卖货的六大模式

1.3.1 模式一：店铺直播

店铺直播是店铺开通直播权限，以直播的方式向用户介绍产品、推荐产品的过程。以淘宝平台为例，淘宝店铺申请开通直播权限，就能通过直播这种更直观的方式向用户展示产品，增强顾客体验，提高转化效果。据了解，有些淘宝店铺通过直播使转化率达到了 20%～30%，有些甚至达到了 50%。

店铺直播的核心是店铺，在直播过程中，主播可以在很短的时间内给店铺带来海量流量，产生巨大销量。再辅之以店铺运营，店铺所能获得的流量不止翻倍。有些擅长运营的店铺，会通过直播带来的高流量打造爆款，然后通过运营稳定流量，使直播带来的流量的转化率达到最高。所以，开通直播对店铺的运营能力提出了较高的要求。

目前，在淘宝、天猫平台，天猫店、企业店、C 店都可以开通直播，只有少数不符合条件的店铺无法开通直播。目前，在店铺直播方面表现最好的是服装类店铺、美妆类店铺和玉石珠宝类店铺。

店铺直播的方式非常灵活，店铺老板、老板娘、客服、模特，甚至仓储人员都可以直播，主播不需要固定某个人。店铺直播强调的是店铺的品牌，倡导用品牌价值驱动购买，达成交易。如果店铺每天都能上新，粉丝就会每天到直播间打卡。而且在直播的过程中，即便粉丝因事退出直播间，也会再次回来观看，如此一来，无论是点击量还是其他直播数据都会有不错的表现。

那么，对于店铺来说，直播究竟有什么好处呢？如图 1-7 所示。

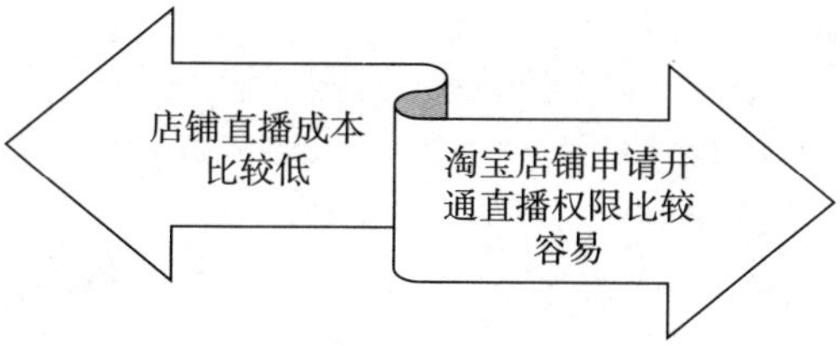

图 1-7　店铺直播的两大优势

首先，店铺直播成本比较低。目前，淘宝直播的流量入口尚未实现商业化，所以只要店铺能做好直播，就能抢夺更多公域流量。

淘宝官方对店铺直播的定位是“维护私域流量的最好渠道”。因为通过直播，店铺可以进行四维展现，获取用户信任，让用户对自己产生黏性，提高回购率。对淘宝店铺直播进行观察可以发现，店铺直播的时间比达人直播的时间短，导致这一现象产生的主要原因在于：店铺的商品比较单一，更新速度较慢，而且相较于达人来说，店铺直播的主播能力相对逊色，很难坚持 6~8 小时直播不间断。

其次，目前，淘宝店铺申请开通直播权限比较容易，三钻以上的店铺都可以申请开通直播。相较于达人直播来说，店铺直播获取流量的渠道更多，无论直播频道的流量，还是行业流量，店铺都能使用，再加上店铺自有的流量，整个流量数值非常可观，这是达人直播无法相较的。

1.3.2　模式二：产地直播

顾名思义，产地指的就是某种物品的生产地或制造地。产地直播就是主播走进产品的产地，通过自己的镜头与讲解让消费者近距离地体验产品的生产过程，认可产品质量，完成交易转化的一种直播模式。近两年，在淘宝美食直播领域，出海捕捞、深山采蜜、农家土特产现做现发、水果蔬菜现采现摘、养殖基地在线挑选等原产地直播深受消费者追捧，成为一种最热门的直播模式，如图 1-8 所示。

图 1-8　鲜花、水果产地直播

以农产品产地直播为例，在直播过程中，除主播外，农户也可以亲自向观众介绍自己的产品，用自己的专业、专注、认真、质朴打动消费者，获得消费者的信任。另外，相较于主播来说，农户更了解自己的产品，可以现场回答消费者的任何问题。例如，“如何保证产品质量”“收到货之后如何保存”“产品保质期多长时间”“运费多少” 等。很多消费者愿意看产地直播，就是因为他们提出的所有问题都能得到最专业、最详细的回答。

作为最朴实、最接近产地与产品的新农人，他们每天通过镜头向消费者展示自己的日常生活，种植、采摘、分拣、打包、装车，甚至是茶余饭后的闲聊。这种真实的场景更能打动消费者，获得消费者的信任。

要想做好产地直播，主播必须掌握一些直播技巧。例如，土鸡蛋产地直播，主播要让消费者更加直观地看到土鸡蛋的新鲜度，这是消费者最关心的问题。首先，在介绍土鸡蛋时，主播可以通过镜头让粉丝观看鸡舍、母鸡以及鸡蛋分拣包装的实况；为了让粉丝了解鸡蛋的新鲜度，主播可以现场打碎一个鸡蛋，让粉丝观看蛋黄的颜色；还可以现场煮几个鸡蛋，剥开后让粉丝查看蛋黄的状态。

其次，在直播过程中，主播要与粉丝积极互动，向粉丝征求改进意见，询问大家想观看什么内容，是否还有问题需要解答。通过这种问答互动拉近与粉丝的距离，提升粉丝的信任度，优化粉丝的观看体验。

产地直播最重要的就是呈现产品最原始的状态，打消消费者对食品安全的顾虑，然后通过沟通互动激发消费者的购买冲动，完成转化变现。

1.3.3 模式三：砍价直播

砍价模式指的是主播站在消费者的立场，利用自己的专业知识与技能，帮消费者用他们理想中的价格获得目标商品的一种模式。作为一种新兴服务，主播砍价能给消费者带来很多好处，例如，可以让消费者投入最少的时间与精力，用最少的钱买到称心如意的商品。砍价模式在一定程度上推动了传统行业转型升级。

以玉石行业为例，翡翠市场从 2013 年开始逐渐萎靡，同时进口原料的价格不断上涨，参与者不断增多，导致整个翡翠市场出现了有价无市的情况。

广东省四会市是我国最大的翡翠加工基地，这里聚集了很多玉石商人，流传着无数致富故事。从 2016 年 7 月开始，四会市的两个玉器市场——天光墟和万兴隆翡翠城开始通过网络直播销售玉器。开始，这种形式并没有引起太多注意，但当某些商家用均价几十元的玉器直播清货时，直播卖货才开始受到广泛关注。

在广东四会的玉石市场上，有很多玉石商人转型而来的主播，他们在玉石行业深耕多年，深知玉石行业的交易规则，不仅可以慧眼识珠，帮助买家选到心仪的产品，还能凭借自己的经验与老板砍价，帮助买家节约每一分钱。

这种砍价直播带领整个玉石行业进入了一个全新的发展阶段。过去，玉石产品的利润虽然很高，但销量不好，整个行业比较冷清。在植入了互联网基因之后，传统的玉石交易市场正在发生巨大变革。因为各位主播的杀价，大部分货主的利润空间从原来的50%降到了10%，但货主们并没有因此排斥直播、排斥主播，反而对这种模式产生了极大的认同。在砍价直播模式下，虽然单个产品的利润大幅下降，但价格不透明、消费者望而生畏的情况有所缓解，整个行业变得异常火爆。

虽然砍价直播能量巨大，但对主播的砍价能力提出了极高的要求。仍以玉石交易为例，随着直播带货迅速兴起，四会市兴建了一个直播城，与万兴隆玉器城仅一路之隔，已经有 20 多家直播公司入驻。主播在直播间直播，想要通过直播销售产品的货主可以带着自己的产品上门。每个主播间除了主播外，还有助理与货主，货主通过预约排号的方式进场，在 30 分钟至 2 小时的时间里，由主播向粉丝介绍产品，把控质量，在满足货主与消费者双方需求的前提下达成交易。在这个过程中，砍价依然是主播最大的挑战。因为在玉石市场，粉丝对主播的信任主要来源于主播能否精准地把控价格。主播看价准，就能获得粉丝的信任，吸引粉丝重复购买。

那么，电商主播应该如何培养自己的砍价能力呢？如图 1-9 所示。

（1）在行业深耕，熟悉行业的产品定价规则。每个行业都有自己的定价规则，服装行业的产品定价可能比成本价高 1 倍，玉石行业的产品定价可能比成本价高 5 倍等。只有了解行业的定价规则，主播才能在看到商品之后产生一个比较合理的预估价格，有条不紊地和老板砍价，直到价格接近心理预估价格为止。

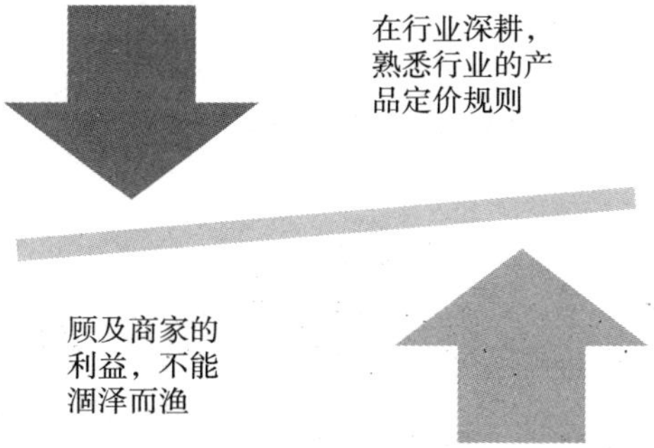

图 1-9　砍价直播的两大规则

（2）主播在和商家砍价时，要顾及商家的利益，不能涸泽而渔。在砍价直播的过程中，虽然主播是消费者的代言人，负责帮助消费者选货、砍价，但也要考虑商家的利益，不能无限挤压商家的利润空间，与商家交恶，自断后路。要给商家留出一定的利润空间，适当地维护商家的利益，与商家建立良好的关系，为之后的直播奠定良好的商户基础。

总而言之，砍价直播是一种比较新奇的直播模式，目前广泛应用于珠宝玉石等行业。要想做好砍价直播，主播必须具有一定的专业素养，掌握一定的砍价技巧，只有这样才能完成粉丝积累，提高商品的成交率。

1.3.4　模式四：秒杀直播

秒杀就是商家在某个时间段发布一些超低价格的商品，并设定好秒杀时间段，让所有想要购买这款产品的消费者集中在这个时间段抢购商品的一种销售模式。简单来说，秒杀就是商家为了促销组织的限时抢购活动。因为价格低，所以很多商品往往一上架就会被抢购一空。2011 年至今，在淘宝、天猫、京东、苏宁等大型电商平台上，秒杀活动疯狂开展，吸引了大量流量。

◆常见的几种秒杀形式

秒杀直播有三种常见的秒杀形式，如图 1-10 所示。

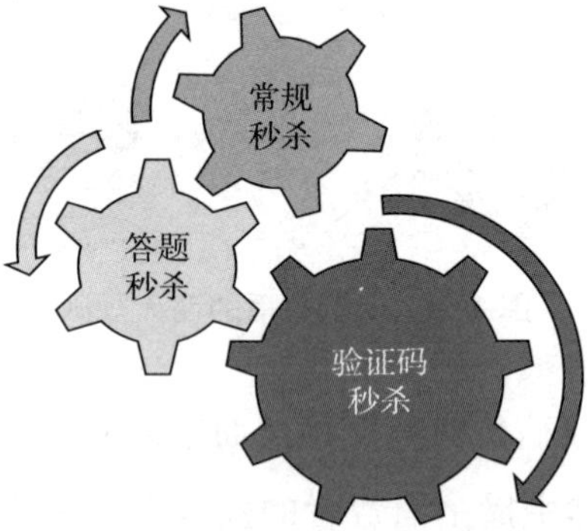

图 1-10　直播秒杀的三种常见形式

（1）常规秒杀。常规秒杀与正常的购物流程一样，秒杀开始，用户抢购，填写收货信息，提交支付，完成支付表示秒杀成功。

（2）答题秒杀。秒杀开始之前，用户要先回答问题，回答正确之后才能填写收货信息，提交支付，完成支付表示秒杀成功。

（3）验证码秒杀。秒杀开始之前，用户必须先填写网站显示的验证码，填写正确才能填写收货信息，提交支付，完成支付表示秒杀成功。

在直播卖货的过程中，如果要进行秒杀，店铺或主播团队必须先设置一个优惠价格，然后设定秒杀时间，营造一种紧迫感与稀缺感，刺激用户产生购物冲动积极抢购，从而提高产品的成交率。

常见的直播秒杀方法有两种，一种是设定直播间专属的秒杀产品，另一种是不设定秒杀产品，完全由客服承接。

◆设定直播间专属的秒杀商品

设定直播间专属秒杀商品要遵循一定的流程，如图 1-11 所示。

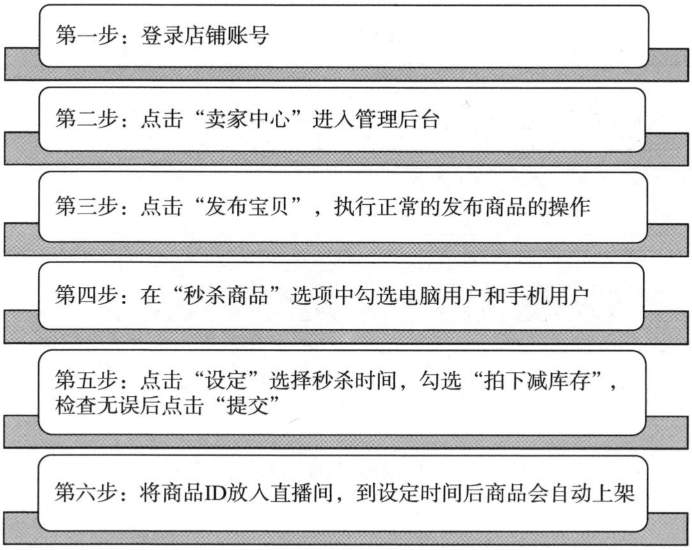

图 1-11　直播间专属秒杀商品设定流程

◆不设定秒杀商品，完全由客服来承接

直播间不设定秒杀商品，直接由客服承接的流程如下：

第一步：按照正常的上架流程将商品上架。

第二步：直播间设置秒杀时间，让粉丝在秒杀时间对购物袋中的商品下单，下单的顾客可以用主播给出的暗号与客服对接，享受秒杀福利。例如，直播间设定晚上 10：00~10：30 为秒杀时间，在这期间购物袋商品享半价优惠，拍到的用户与客服联系，备注“店铺宠粉”，客服会直接改价，价格改好后用户直接付款即可。

需要注意的是，在使用这种秒杀方法时，主播一定要与客服人员做好沟通，帮助客服人员做好直播期间的对接工作。同时，主播要为用户讲清秒杀规则，实时回答用户提问。

◆直播秒杀需要注意的几个关键点

直播秒杀有一些注意事项，具体如图 1-12 所示。

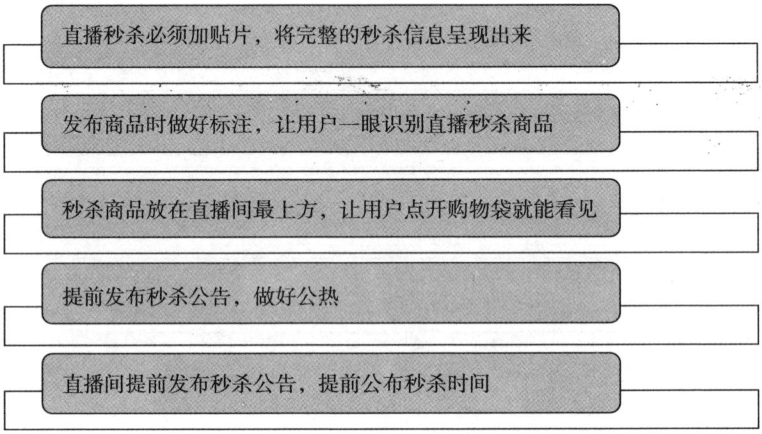

图 1-12　直播秒杀的五大注意事项

1.3.5　模式五：竞拍直播

竞拍指的是用公开竞价的方式，将特定商品的所有权转让给最高应价者的一种买卖方式。竞拍模式为消费者提供了一种全新的网购方式。竞拍购物与传统的网购不同，商品没有固定的价格，而是按照起拍价竞拍，想要获得商品的消费者需要喊价。主播设置一次喊价最低增加值，经过几轮加价后，一定时间内没有加价者，商品归最后一位出价者所有。如果一件商品没有竞拍者，商品就转入流拍程序。

下面以淘宝直播为例，对竞拍模式下的直播卖货进行深度分析，如表 1-2 所示。

表 1-2　竞拍直播的流程与基本操作

竞拍模式流程	具体操作
拍品的选择与添加	主播团队创建拍品，点击拍卖选项，让消费者在直播界面看到拍品。选择好拍品之后，主播团队要点击确认，将拍品添加到直播的“宝贝口袋”中，口袋中的商品会按照拍品发布的时间顺序进行排列
拍卖管理	拍品添加成功后会出现在“宝贝口袋”的“拍品”中，主播选择拍品后点击“开始拍卖”。需要注意的是，一旦某个拍品开拍，其他拍品的“开始拍卖”按钮就会失效，所以主播团队要决定好拍品的开拍顺序。拍卖开始，消费者可以出价，主播要根据实际情况落锤结束拍卖。如果没有人出价，主播要果断落锤让商品进行流拍，开始下一件商品的拍卖
成交与订单	消费者在屏幕前通过加价参与竞拍，交易结束，系统会自动向买家发送催付款通知，同时，买家后台会自动生成订单信息，与现有订单放在一起管理

◆“群聊+拍卖”互动玩法

一是拍品的选择与添加。主播团队在完成拍品创建之后，点击“+”号中的拍卖图标，进入拍品选择界面，选择拍品并确认。

二是拍卖管理。拍品添加成功会出现在群聊顶部的“抽屉”里，主播确认无误后点击“立即开拍”。如果需要调整可以将抽屉里的拍品删除，添加新的拍品。需要注意的是，在竞拍模式下，一件拍品结束竞拍后，主播才能点击另一件拍品的“立即开拍”按钮。一次只能拍一件拍品，两件拍品无法同时拍卖。

三是成交。主播点击“结束竞拍”，交易结束，买家后台自动生成订单信息，接下来的流程与其他订单基本一致。

◆常见问题

问：直播增价拍的拍品可以设置保证金吗？

答：直播拍卖，保证金功能会失效。因为直播间拍卖使用的是手动开拍与竞价，即便拍品设置了封顶价、保证金、保留价、延时周期，在确认添加后，这些功能都会失效。

问：对起拍价有要求吗？

答：直播拍卖对起拍价没有要求，为了吸引消费者，商家甚至可以设置一元起拍。

◆注意事项

在直播拍卖之前，卖家要先安装淘宝直播—主播版 App，而且必须是 2.3.4 以上的版本。目前，卖家端直播—增价拍组件只支持安卓手机，在使用之前，必须先开通白名单，否则进入直播间后无法看到拍卖图标。

直播拍卖不仅增强了直播的趣味性，而且增进了主播与用户的互动，活跃了直播间的气氛，利用人们的捡漏心理开展营销，使直播间的转化率得以大幅提升。

目前，淘宝平台的直播拍卖需要店铺申请开通白名单，相信不久的将来，直播拍卖功能将全面放开，让商家充分享受到直播拍卖带来的好处。

1.3.6 模式六：海外代购

代购即代理购买，指的是找人帮忙购买自己需要的商品。代购有两种形式，一种是消费者在当地买不到商品，或者商品价格比其他地区贵，为了节省各项成本请人帮忙购买，并快递到家。还有一种是消费者想要购买某件商品，但不了解相关信息，无法判断其价值，为了避免付出额外的成本，委托中介机构代为购买。

近几年，海外代购非常流行。在海外代购直播中，主播扮演着专业买手的角色，将海外市场上的优质产品介绍给消费者，并帮助消费者以较低的价格购买。通过观看直播，消费者不仅能够买到自己喜欢的商品，还可以跟随主播一起领略当地的风土人情。

海外代购直播的门槛比较高，除了要求主播具有良好的语言表达能力之外，还要求主播做到以下几点，如表 1-3 所示。

表 1-3 海外代购直播对主播的能力要求

能力要求	具体内容
可以经常出国或在国外定居	海外代购主播必须拥有可以随时出国的签证，或者在国外上学、工作，可以长时间待在国外
具有辨别产品好坏的能力	国外的产品质量参差不齐，海外代购主播必须拥有一双“火眼金睛”，可以从海量产品中挑选出性价比最高，且最契合粉丝需求的产品，让粉丝收到货后产生物超所值的感觉，从而增强对主播的信任
有进货渠道	海外代购主播必须有优质的进货渠道，可以用低于市场价的价格买到产品，形成价格优势，一方面提高自己的竞争力，另一方面让粉丝享受到真正的实惠
有良好的销售途径	海外代购主播必须有自己的客户群体，这个客户群体必须具备一定的购买力，可以轻松接受产品报价，不会讨价还价，保证所有产品都能顺利销售出去，完成转化变现。如果主播没有销售渠道，就会面临产品积压、资金无法回笼的风险，后果不堪设想
有耐心与给出差评的用户沟通	海外代购直播也有可能收到差评，为了维护店铺信誉，主播必须积极主动地与给出差评的用户沟通，耐心协商，寻找其他的解决办法，以免被举报、被封号

海外代购直播与正常带货直播一样，想要获得较高的转化率，必须积累一批高忠诚度的粉丝用户。提升粉丝忠诚度的关键在于向粉丝分享高性价比的产品，保证正品，诚实可信。在海外代购领域，一旦主播获得了粉丝信任，购买转化就会变得水到渠成。相反，一旦有客户反映买到了假冒伪劣产品，就会引发连锁反应，导致用户大规模流失，给主播造成毁灭性的打击。

第2章

直播入门：网络主播基础知识扫盲

2.1 了解直播行业的四项基本规则

2.1.1 规则一：符合直播平台的申请条件

为了规范运营，各大直播卖货平台都设定了一定的注册门槛。在入驻直播平台前，主播首先要了解直播平台的申请条件。不同直播卖货平台的申请条件存在一定的差异，下面对快手与淘宝直播的申请条件进行简单分析。

◆快手直播

（1）满足条件。快手用户开通直播要满足以下九个条件，如图 2-1 所示。

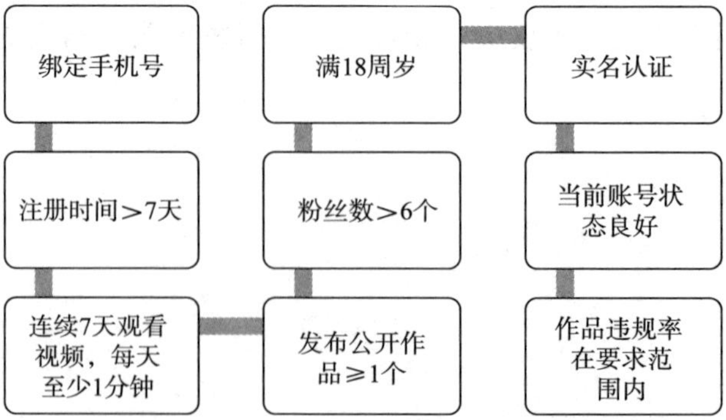

图 2-1 快手用户开通直播的九个条件

（2）开播常见问题解答：

第一，开播页面提示“历史违规作品过多”。出现这种提示说明当前账号发布过多条被判定违规的作品，不符合开播要求。想要解决该问题，账号运营人员必须遵守《快手社区管理规定》，多发布符合要求的优质作品，待违规作品率（违规作品数除以发布作品总数）降到安全线后，再尝试申请开通直播。

第二，开通直播提示“账号异常，请恢复再试”。出现这种提示时，说明账号近期存在违规问题，无法获得直播权限。想要解决该问题，账号运营人员必须遵守《快手社区管理规定》，等待账号状态恢复正常，再尝试申请开通直播。

第三，提交的身份证信息未能通过审核。国家要求网络直播实名制，用户想要开通直播，必须按照规范上传本人身份证照片。身份证照片标准规范如下：

A. 用户面部清晰可见，手持身份证置于胸前，注意不要遮挡面部。

B. 照片放大后，身份证信息完整可见，字迹清晰。

C. 双手手臂完整露出。

D. 照片以身份证为焦点。

E. 照片信息真实有效，而且不能对照片及身份证信息进行任何修改、PS、遮挡，否则将不能通过认证。

◆**淘宝直播**

能够获得淘宝直播开播权限的用户主要有两类，一是淘宝店铺；二是达人。

（1）淘宝店铺直播条件。淘宝店铺开通直播权限的要求包括以下几项，如图 2-2 所示。

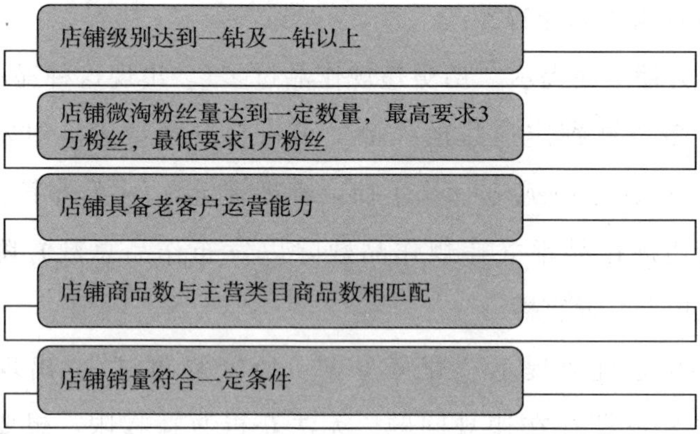

图 2-2　淘宝店铺开通直播的五大条件

（2）达人直播条件。第一，淘宝账号绑定支付宝，且支付宝通过实名认证。第二，账号属性为个人主播。在此基础上，以下两项要求满足一项即可。

A. 微博粉丝量达 5 万以上，最近一周内至少有一条微博的点赞量与评论量均达到 100 以上，所有点赞与评论都必须是真实的，否则将被取消申请资格。除微博外，其他社交媒体平台账号的粉丝量要达到 5 万，且粉丝互动积极性较高。

B. 淘宝达人粉丝量达到 1 万，最近一周内至少发布过一篇图文帖子。申请人上传一段出镜视频来展示自己，要求具有较强的控场能力，擅长口语表达，能够与粉丝积极互动。

2.1.2　规则二：掌握直播平台的开播流程

熟练掌握直播平台的开播流程可以帮助主播提高开播成功率，减少时间、人力等资源的浪费。不同直播平台的开播流程不同，下面分享抖音与快手两大平台的开播流程，为新人主播提供参考。

◆抖音直播开通流程

打开抖音，点击“我”进入个人主页。

点击个人主页右上角的三道杠图标。

点击“创作者服务中心”。

点击“开始直播”。

完成两项任务，一项任务为实名认证，要求主播填写真实姓名与身份证号；另一项任务为绑定手机号，输入手机号，填写系统发送到手机上的验证码。

点击首页“+”，选择“直播”，按照要求输入标题、上传封面等，即可开始视频直播。

◆快手直播开通流程

打开快手 App，在首页点击左上方的三道杠图标。

点击“设置”。

点击“实验室”。

点击“开通直播”，进入申请直播权限页面，如图 2-3 所示。

符合条件的主播可以顺利地获得开播权限进行直播。需要满足的条件包括绑定手机号、注册时长超过 1 周、观看视频时长达到一定时间、公开发布 1 个及以上的短视频作品，如图 2-4 所示。

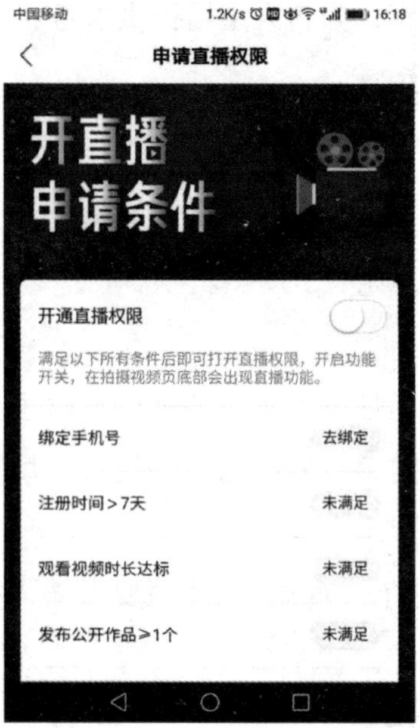

图 2–3　快手开通直播的条件

图 2–4　快手开通直播的流程

◆淘宝直播开通

淘宝直播包括店铺直播与达人直播两类，开通条件与开通流程存在很大差异。

（1）店铺直播的开通条件与流程：

第一，店铺直播开通条件。

A. 淘宝平台上的卖家，店铺 1 钻及以上，微淘等级 L1 以上。

B. 店铺本自然年度内没有售假行为。

C. 店铺本年度内没有严重违规行为，被扣分小于 6 分。

第二，店铺直播开通流程。

A. 入驻后台：点击“商家自运营中心”——淘宝直播中控台，系统会自动评价店铺是否具有开通直播的条件。

B. 直播类目：除内衣、房地产等个别类目外，其他行业都可以开通直播。

（2）达人直播的开通条件与流程：

达人主播主要是以个人为单位的直播形式。

第一，达人直播开通条件。

A. 已入驻阿里创作平台成为达人，而且账户状态正常。

B. 具备一定的直播素质和能力。

第二，达人直播开通流程。

下载淘宝直播 App，登录淘宝账号，在资讯版找到主播招募，完成认证，填写资料，进行在线考试，测试通过就可以成为达人主播。

（3）达人直播浮现权：

A. 考核周期：从每个月的 1 号开始，每隔 15 天系统会对主播进行一次审核。

B. 考核范围：如果达人获得浮现权超过 15 天，在 15 天内至少要发布 5 个 30 分钟以上的直播视频。

C. 考核 UV（直播观看人数）价值：每场 UV ≥ 50，人均观看时长 ≥ 30 秒。

D. 最终考核：系统会根据综合考核标准奖励排名前 100 的主播直播浮现权。

◆蘑菇街直播开通

（1）直播权限申请流程。提交视频及相关资料——初审通过——直播试播——试播通过后，开通直播权限。

（2）流程详解：

第一步，视频及相关资料审核。主播提供自我介绍视频，如果曾在其他平台担任过主播，需要提供一段直播回放，由系统判断主播是否符合蘑菇街直播平台的招募标准。资料提交后 5 个工作日内审核完毕，初审结果会以官方私信的形式通知用户。

第二步，蘑菇街直播试播审核。蘑菇街要求达人进行现场试播，以考核其真实的直播水平。

主播通过初审，会收到蘑菇街官方发送的私信通知，点击其中的试播链接，在每周四进行半小时的试播，试播结束关闭直播间。蘑菇街的工作人员会对主播试播进行审核，在周六前反馈试播结果。

需要注意的是，审核工作只在工作日进行，遇到节假日会顺延。

（3）试播的审核标准：

第一，直播内容。蘑菇街要求直播内容与时尚信息相结合，让用户感受到价值，例如服装如何搭配，什么样的妆容搭配什么颜色的口红等。蘑菇街拒绝低价嘶吼式的叫卖，主播必须注意这一点。

第二，视觉效果：

主播：颜值高，清爽干净，建议带妆直播，保持良好的形象。

直播间布置：直播间布置必须清爽整洁，拒绝脏乱差。

清晰度：直播间看起来清晰，没有噪点。

光线：直播间光线明亮，光线过曝或者过暗都很难通过审核。

2.1.3 规则三：遵守平台规范与法律法规

作为一个新的消费场景，直播电商环境的维护需要平台、主播、消费者共同努力。目前，蘑菇街、淘宝、抖音、快手等平台都已推出直播规范，要求主播必须遵守。从主播的角度看，除遵守平台的直播规定外，还要注意以下两点，如图 2-5 所示。

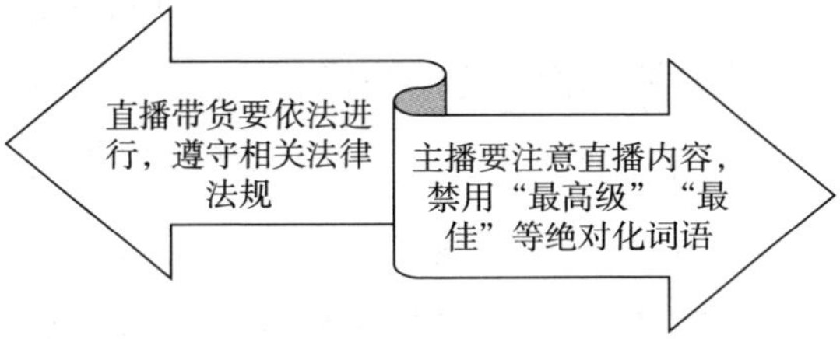

图 2-5 主播直播带货的两大行为准则

◆直播带货要依法进行

直播带货必须遵守法律法规，例如主播要尊重消费者的知情权，介绍产品时不能模糊生产地、生产日期、检验检疫等信息，否则极有可能承担民事、行政、刑事法律责任。

我国《消费者权益保护法》《食品安全法》《广告法》等法律法规规定，保障消费者的知情权及合法权益，保证产品质量是生产经营者必须履行的义务。如果产品宣传的产地、成分、价格、生产日期、有效期限、销售状况等信息不真实，产品存在严重的质量问题，给消费者的购买行为造成实质性影响，生产经营者与广告主必须承担民事责任，如果存在欺诈或食品质量安全问题还有可能承担三倍赔偿或十倍赔偿的惩罚性赔偿责任。

在直播电商场景中，主播相当于广告者，如果故意传播错误信息，侵害消费者的权益，轻则被平台封号，重则需要承担法律责任。所以，主播的直播带货活动必须遵守相关法律法规，千万不要存在侥幸心理。

◆主播要注意直播内容

一些主播在带货直播的过程中会说出一些绝对化的词语，例如“最高级”“最佳”等，这一行为违反了《广告法》的相关规定。淘宝、抖音等平台也有类似规定，这要求主播在带货直播的过程中必须规范自己的语言。

另外，主播还要注意一点，如果喊出“全网最低价”“史上最低价”等口号，但产品的实际价格却并非全网最低，就属于“利用虚假或者使人误解的价格条件，诱骗消费者或者其他经营者与其进行交易的行为”，违反《价格法》的相关规定，要承担一定的法律责任。

其实，不同类型的主播需要承担的法律责任各不相同。如果主播用个人名义或形象为商品做推荐，就扮演了广告代言人的角色，必须主动查阅产品的相关证明，核实广告内容，以免出现虚假宣传，承担相关责任。如果是“自产自销型”主播，因为扮演了不同的角色，所以不仅要遵守《广告法》的要求，还要遵守《消费者权益保护法》《产品质量法》《食品安全法》等法律中关于生产者、销售者的规定，切实保证产品质量及食品安全，以免承担高额的赔偿责任。

总而言之，为了维护直播电商行业良好的市场环境，主播必须明确自己的身份，认识到自己的责任，遵守平台规定及相关的法律法规，在引导消费者购买产品的同时，要努力维护消费者的权益，谋求更长远的发展。

2.1.4 规则四：熟悉直播平台的流量机制

◆直播间流量来源

直播间的流量来源主要包括三大类：付费流量、免费流量及活动流量，如图 2-6 所示。

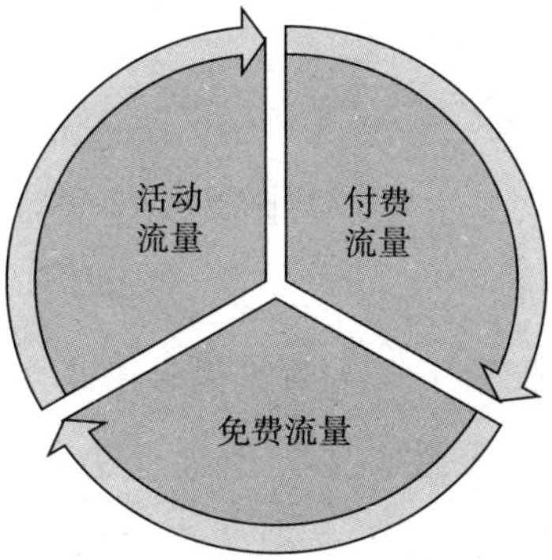

图 2-6　直播间三大流量来源

（1）付费流量。付费流量是指通过购买直播平台的付费推广服务获得的流量，例如淘宝主播可以利用钻展、超级推荐等付费推广服务获得更多流量。有了平台推荐，直播间流量可以得到充分保障。不过，付费流量成本相对较高，适合那些有一定经济实力的主播与商家。需要注意的是，在购买付费流量前，主播及团队应该做好直播间布置、直播内容规划等，这样才能尽可能地将观众留在直播间，将其转化为忠实粉丝。

（2）免费流量。免费流量是指平台自动为用户推荐的流量，以及主播自身拥有的流量等。免费流量的成本可以忽略不计，但对主播的直播能力与粉丝运营能力要求较高。大部分中小主播由于缺少资金支持，很难通过付费流量发展壮大，这类主播应该尽可能地充分利用免费流量，提高观众的参与感、体验感，吸引更多用户，实现更好的发展。

（3）活动流量。活动引流是主播提高直播间人气的有力武器，有些活动流量是付费流量，有些活动流量是免费流量。无论付费还是免费，活动流量的获得门槛都相对较低，没有资源支持的中小主播可以借此提高直播间人气。以淘宝直播为例，淘宝直播官方会推出一系列活动为主播与商家的直播间提供流量支持，例如“打榜日”“真惠选”活动等。如何参加这些活动呢？主播可以在淘宝直播后台左边栏内找到活动报名链接，然后根据自己的实际需求报名参加即可。

◆直播间流量问题答疑

直播间流量问题向来是主播及其团队关注的重点，理清这些问题，是打造高人气直播间的关键。

（1）流量是否都分配给了大主播？很多中小主播尤其新人主播经常质疑直播平台流量分配的公平性，单方面地认为系统将流量分给了达人主播，导致自己的直播间没人气。这种认识非常片面，抖音、快手、蘑菇街、淘宝直播等平台分配流量时，主要的考核标准是直播间内容，不是主播的人气，而且很多达人主播也是从新人一步步成长起来的。

（2）用什么办法能快速提高直播间流量？直播间流量只能慢慢积累，无法快速提升。直播与图文内容、短视频一样，都是内容产品。图文内容强调发布数量，数量越多，账号人气越高；短视频强调创意，一条创意短视频可以为账号带来庞大流量；直播则追求长期精细化运营，主播人气需要缓慢提升，一旦达到一定规模就能为主播创造巨额收益。所以，主播不需要将宝贵的时间放在思考如何快速提升直播间流量的问题上，而应该将主要精力放在直播间装扮、直播话术、主播人设、选品与售后等方面。

（3）新手期有很多观众，但现在观众越来越少，是不是平台不分配流量了？直播平台的后台系统会扶持新人，为新人提供流量支持，过了新手期，系统便不再重点照顾新人主播。此时，新人主播需要凭借自己的能力提高直播间人气。如果观众越来越少，主播就要努力提升自己的直播运营能力。

（4）下单购买的都是老顾客，是不是直播带货没有效果？薇娅、李佳琦等主播已经充分证明了直播卖货的强大能量，所以新人主播无须担忧直播带货的效果。想要让更多新顾客下单购买，主播及其团队必须在卖货技巧、选品定价、物流售后等方面投入充足的资源，同时要鼓励老顾客进行口碑传播。如果主播做好了直播内容，产品也经得起用户检验，老顾客自然会主动地向自己的亲朋好友、同事推荐。

（5）延长直播时长有效果吗？延长直播时长效果有限。通常来说，直播时长最好为 5~8 小时，这种直播时长相对健康。如果主播的直播时长经常在 10 小时以上，不仅需要主播及团队做大量准备工作，而且长时间直播必然会牺牲主播的休息时间，导致主播无法保持良好的直播状态，不利于沉淀忠实粉丝。

2.2 注册适合自身的直播卖货平台

2.2.1 抖音：内容电商化

2019 年 8 月 20 日，丽江“石榴哥”金国伟直播卖货，20 分钟销售 120 多吨石榴，总交易额 600 多万元。在这场直播中，金国伟创下的最高纪录是 1 分钟 4000 单。凭借骄人的战绩,“石榴哥”金国伟成为名副其实的抖音带货王。

从路径上看，淘宝直播卖货与抖音直播卖货是两个完全相反的路径，前者是从电商领域向内容领域拓展，后者是从内容领域向电商领域拓展。从某种程度上说，抖音的崛起颠覆了短视频行业的原状，抖音几乎成为短视频的代名词。

但同时，抖音的业务范围早已不能用短视频来概括，无论内容类型，还是服务类型都早已大幅拓展。在用户需求与变现压力的驱动下，抖音衍生出很多其他种类的业务，例如电商、直播、游戏、教育、本地服务等，如图 2-7 所示。为了实现头条系千亿元营收的业绩目标，抖音的商业化速度越来越快，星图、内容导购、电商直播等变现场景将全面升级。

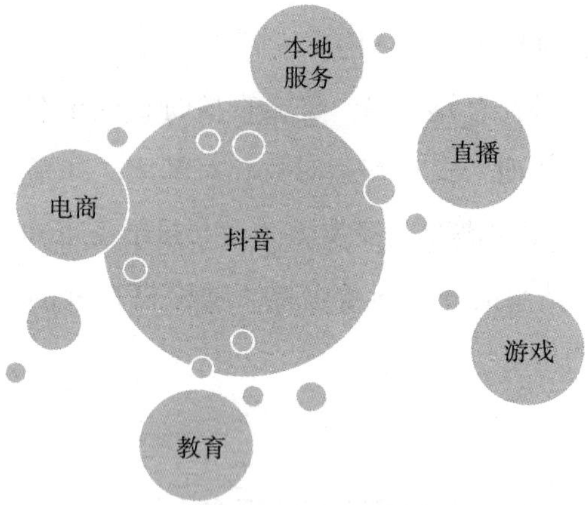

图 2-7　抖音的业务范畴

近来，抖音一直在强化自己的电商服务属性，上线购物车功能，发布精选好物联盟，上线商品橱窗、POI 权益，发布电商小程序等。另外，自 2019 年春节以来，抖音一直在努力革新直播产品端，推出了很多新玩法，例如 PK、小时榜、主题活动竞赛等，并将短视频与直播内容打通，让直播进入视频流。

随着抖音平台的直播功能不断完善，2019 年 4 月，抖音宣布引入 1000 家公会，强化直播作为商业化场景的功能，从流量层面给予支持。在 2019 年 8 月 24 日召开的创作者大会上，抖音再一次强调了直播业务。事实上，整个头条系都在推崇直播，将直播放在了非常重要的位置。例如字节跳动搭建直播大中台，对抖音、西瓜、火山等 App 的直播业务进行整合。

随着抖音短视频的用户越来越多，传播范围越来越广，抖音创造了很多爆款商品，例如薄饼锅、刷鞋海绵、妖娆花音箱、手表遥控车、奶油拍脸机等。再加上消费者为这些商品打上的诸多好评标签，经济实惠、性价比高、实用性强等，使抖音获得了很多商家的关注。

在抖音平台，头部用户发挥了极其重要的作用，他们利用高质量的内容给抖音带来源源不断的流量。作为回报，对于高质量的内容，抖音平台也会给予重点关注，分拨更高的播放量级。那么，抖音如何判断一段内容的质量呢？首先，抖音会将这段内容分发给100个用户，再根据用户的偏好进行二次分发，利用阶梯式的推荐制度保证内容质量。如此一来，抖音利用产品鼓励创造，打造并留住头部用户，再利用头部用户创作的内容吸引流量，进而形成自己的生态圈，为抖音内容电商的搭建创造良好的条件。

抖音之所以能够带动消费，与其本身的用户属性关系密切。在抖音平台的所有用户中，女性用户占比近60%，30岁以下的年轻用户占比近80%（见图2-8、图2-9）。从购买力与转化角度看，抖音的流量质量非常高。在这些条件的支持下，抖音利用自己超高的用户活跃度及病毒式传播方式为内容电商的发展创造了极好的条件，为商家开启了一条全新的电商渠道。

由于抖音的病毒式传播，淘宝出现了很多爆款商品，有些商品的火爆程度完全超出了商家的预料。有些商家为了借势，在商品标题前面添加"抖音""抖音爆款"之类的关键词。有些商品索性直接入驻抖音，开通抖音账号，进行宣传。那么，抖音电商的转化率究竟如何呢？据了解，某商家在抖音平台投放了一则旗袍广告，3天花费600元，转化超过了6万元，转化率达到了100倍。在这个"内容为王"的时代，有趣的内容能为商家带来的价值经常超乎想象。

认识到这一点后，很多电商平台开始专注于内容。例如，京东上线"发现"，给购物达人提供了一个畅所欲言的空间；蘑菇街发布《2020春夏女装潮流手册》等内容，打造自己在时尚资讯方面的优势，帮助用户选品，实现用户留存。

此外，短视频自媒体一条视频获得了京东、东博资本领投的C+轮融资，表现出利用短视频布局内容电商的趋势。"内容+电商"所具备的优势得到了越来越多的证明。"内容+电商"为消费者创造了一个轻松愉悦的流媒体环境，在这个环境中，以优质的内容为基础，降低消费者的防范心理，使商品成交率、转化率得以大幅提升。

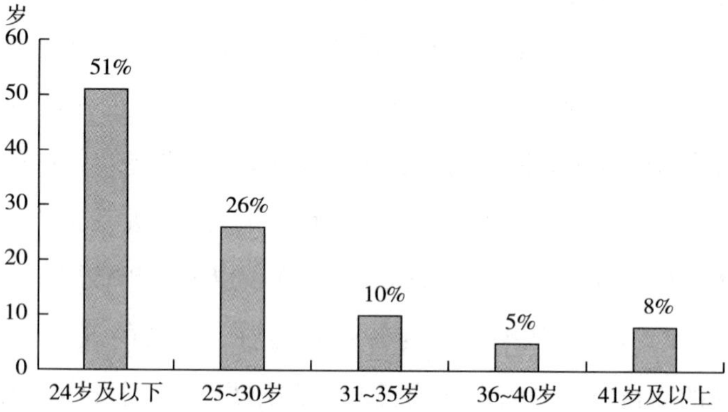

图 2-8　抖音用户年龄分布

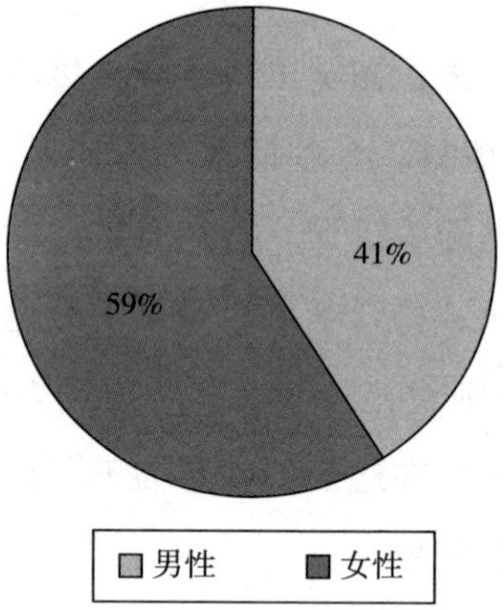

图 2-9　抖音用户性别分布

很多时候，消费者的消费意愿并不明确，但出于对美好生活的向往，消费者会做出实实在在的消费行为。在此情况下，商家的主要任务就是通过刺激将消费者在需求节点上的模糊期待转移到具体的商品或服务上。相较于淘宝、京东等交易型电商来说，内容电商的主要功能就是告诉消费者“买什么可以提高生活质量”。

当然，这一切都要以抖音能够留住优质流量为前提。因为用户的时间有限，只要有一款产品分走了用户大部分的注意力，其他产品就会与之形成竞争关系。目前，抖音直链淘宝的链接仍处在试水阶段，未来情况如何不好判断，但只要有流量，抖音的地位就不可撼动。但在很多情况下，仅依靠流量平台搭建内容电商往往存在很多问题，例如购物流程烦琐、商品展示效果不佳等，这些都会影响消费者的购物体验，导致消费者流失，无法持续发展。

2.2.2 快手：达人百货模式

2018 年 11 月 6 日，快手举办了首届电商节，主播散打哥 24 小时带货额高达 1.6 亿元，摘得“快手卖货王”的桂冠，创造了多个直播带货纪录。例如，1 分钟销售 3 万件两面针药膏，总销售量 10 万单；10 分钟销售近 10 万套七匹狼男士保暖内衣；几秒内销售 1 万台小米红米 6 手机等。快手电商悄然崛起，而且探索了一条迥然不同的发展路径，如图 2-10 所示。

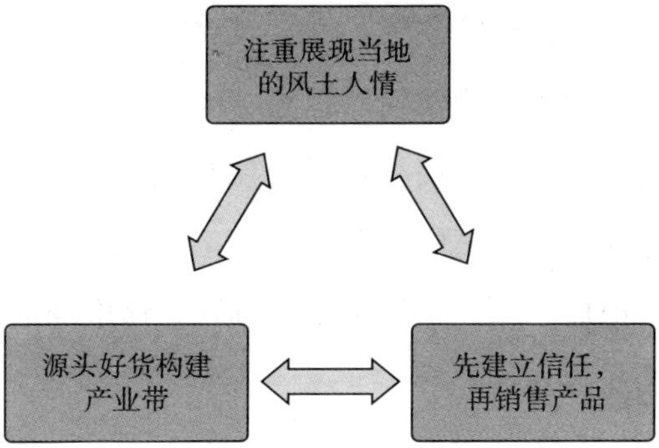

图 2-10　快手电商的三大发展路径

◆注重展现当地的风土人情

借助短视频红利，快手在短短几年之内迅速发展壮大，这一点与抖音类似。不过相较于抖音来说，快手更加生活化、接地气，很多四五线城市用户将其作为“朋友圈”。如果对两个平台的内容进行对比观察就会发现，在抖音平台，滤镜美颜是主播的标配，而快手则更加真实，注重展现全国各地的淳朴风情。

西双版纳哈尼族姑娘张丽是一位拥有超过 150 万粉丝的快手达人，她以短视频与直播的形式将当地的风土人情分享给快手用户，赢得了大量用户的支持与信任。张丽居住的小镇盛产椰子、木瓜、百香果等热带水果，但因为交通不便，当地居民只能将水果运往镇上售卖，限制了水果的销量与售价。为解决这一问题，张丽用短视频与直播的形式将家乡的美食、水果及风土人情分享给粉丝，得到了非常好的反馈，粉丝不仅积极地购买产品，还主动向亲朋好友推荐。

◆先建立信任，再销售产品

以人为核心、基于人与人的连接创作内容是快手平台的一大重要机制。在快手平台，主播普遍将粉丝称为“老铁”，而且通过多种方式与粉丝互动交流，有效拉近了与粉丝间的距离，极大地提高了粉丝黏性。

再加上内容贴近生活，主播很容易与用户建立信任关系。基于这种信任关系，主播推荐的物美价廉的商品自然更容易被用户接受。因此，先建立连接与信任，再销售产品，是快手主播玩转直播电商的关键所在。

◆源头好货构建产业带

消费者愿意在快手平台购物的原因有两个：一是真实的源头好货，二是便宜批发价。这与快手的用户结构有很大关系，快手用户多位于三四五线城市及农村，对商品价格非常敏感。其实，最初，快手商品非标性非常强，主要由人带动产品销售。例如快手用户通过直播展示自家果园、工厂等，吸引粉丝购买。在这种模式下，无论货物还是流量都存在于商家的私域范围内，交易行为不受平台控制。

为解决这一问题，快手接入淘宝、京东、有赞等拥有货源的电商平台，开发了购物车、快手小店等多种功能，努力规范平台的交易行为。在平台的干预下，快手电商的规模迅速壮大，对供应链提出了新的挑战。为了解决供应链问题，快手提出要打造质量好、服务好、性价比高的“靠谱好货”，主要经营品牌尾货。但因为这类商品库存不稳定、尺码不全、次品率过高，导致供应链不稳定。于是，快手决定向产业链的上游进军，从“靠谱好货”发展为“源头好货”。

快手不是最先布局产业带的平台，在快手之前，聚划算、拼多多等电商平台早已开始在产业带布局。产业带帮助快手解决了产品供给、产品认证、产品销售、产品售后等一系列问题，而且使整个电商业务实现了制度化管理，提高了商品的转化效率。例如，快手布局临沂等地的服装产业带，推动线下的档口生意向快手平台转移，帮助平台的服装主播对接工厂货源，在此基础上发展自有品牌。

近两年，快手电商的发展势头异常迅猛，电商直播的门槛较低，凡是低价优质的源头好货都可以尝试在快手平台直播销售，可能会取得意想不到的效果。

2.2.3 蘑菇街：基于主播匹配供应链

蘑菇街能够在淘宝、天猫、京东等电商巨头的封锁下生存，源于其精准的市场定位与独特的商业模式。例如，蘑菇街将自身定位为时尚目的地，其商业模式为网红直播带货。

蘑菇街的网红直播带货逻辑可以总结为基于主播匹配供应链。蘑菇街之所以能探索出这种独特的商业模式，主要是因为其流淌的“红人孵化”基因。对于新人主播，蘑菇街有一套系统的培养流程，帮助其完成从素人到达人的蜕变。成为达人后，蘑菇街会根据其风格、人设等为其挑选合适的商家与品牌商，然后达人会通过直播带货帮助商家与品牌商完成产品销售与品牌曝光。经过几年的实践探索，蘑菇街打通了“内容+网红 KOL+电商”的链条。

◆用户分析

蘑菇街主流用户是 15～30 岁的年轻女性。蘑菇街官方发布的数据显示，截至 2019 年 3 月 31 日，蘑菇街平台的年度活跃用户数为 3280 万，GMV（Gross Merchandise Volume，网站成交总额）为 174.08 亿元，同比增长 18.7%。其中，蘑菇街直播业务的 GMV 同比增长 138.1%。2019 财年蘑菇街直播平均移动月活跃用户同比增长 42.1%。

蘑菇街 App 更像是一个内容平台，而不是电商平台。打开蘑菇街 App 主页，映入眼帘的是搜索条、主播直播区、时尚内容信息流等各类内容，如图 2-11 所示。蘑菇街每天生成直播视频约 3000 小时，有超过 1.8 万名红人主播，平均每个用户观看直播视频时长约 35 分钟，86.1%的用户下单后一个月内会再次下单。

◆供应链建设

蘑菇街对供应链建设尤为重视，逐渐打造出了“前播后厂”的供应链模式，即主播在直播间促成用户下单，然后将订单交给后端工厂生产。在传统服装店中，某款服装月销量可能只有几十件，但在蘑菇街，一个拥有十万粉丝的达人，十几分钟就能销售上千件服装。

那些年带货额超过 1 亿元的头部主播根本不需要为库存问题担忧，而且因为没有中间商存在，厂商可以更多地让利消费者。蘑菇街很多头部主播已经开始团队化作战，建立自己的工作室甚至品牌。对于中腰部主播，蘑菇街会为其匹配供应链，协助其完成流量变现。当然，这一切离不开大数据的支持，蘑菇街利用大数据技术在消费端描绘用户画像，洞察用户的个性化需求，然后指导终端厂商选品开发。

图 2-11　蘑菇街多元化的内容生态

◆主播培养

一位直播新人从素人成长为达人要经历多个时期，例如在入门阶段，主播需要像“偶像练习生”一般练习各种技能，为“出道”做准备；“出道”后就可以成为新人主播，接受线上线下的系统培训，具体包括直播间布置、直播话术、粉丝运营等；在达人卖货阶段，平台会为主播匹配供应链，主播需要学习选品、产品展示及销售技巧等诸多内容。

为了培养更多优秀主播，2020 年，蘑菇街启动了直播“星启计划”，开始面向外界招募优质红人主播，并将在 2020 年从行业中挖掘出 1000 位有全方位能力的红人 KOL，以行业最完善的孵化与运营体系帮助他们快速成长变现、孵化打造自身品牌，打造直播行业最优秀的主播达人天团。与此同时，针对符合平台标准的优质电商机构，蘑菇街还推出了“春晖扶持政策”，为其提供流量等资源支持。除了在供应链、主播、品类、商家等方面的拓展，蘑菇街资深副总裁洛伊在此前发言时也表示，2020 年对于蘑菇街来说，是建立直播标准化体系的重要一年。

就像专业大型 MCN 机构一般，蘑菇街给予主播一系列资源支持，例如主播品牌日的 App 开屏图、海外溯源直播等。早在 2017 年，蘑菇街便开始在微信小程序尝试直播卖货，借助微信的强大社交裂变能力，对主播的影响力进行扩散。同时，主播也能将微信导入微信群，将其转化为私域流量。综合来看，蘑菇街将主播业务渗透至电商业务的各个环节之中，逐渐打造了一个以主播为核心的业务体系。

2.2.4 淘宝直播：“消费类直播”手淘平台

直播作为一个独立的商业体是很难盈利的，但如果作为电商平台的一项功能，与卖货联系在一起，就会发生奇妙的变化，甚至会颠覆现有的购物形式。

作为一个电商平台，淘宝的功能就是满足用户的购物需求，所以用户登录淘宝的目的往往非常明确，就是购买自己需要的产品。在淘宝购物的用户有一个特点，停留时间越长，成交率越高。而且作为一个天然的卖货场所，淘宝接入直播工具之后可以让用户更直观地看到产品，带给用户线下购物般的体验。

与电商平台的结合让直播从一种娱乐工具转变为一种销售工具，直播的带货特性在淘宝平台表现得淋漓尽致。淘宝平台上的主播与其他平台的主播不同，他们更像线下商城中的导购或者柜台专员，用亲和的态度、专业的术语向用户介绍产品，有时还会亲自体验。在直播过程中，主播还会与用户互动，查看用户评论，回答用户问题，让用户享受到更亲切、更周到的购物体验。

目前，淘宝平台上的大部分主播都是店主或客服，通过直播销售自己店铺的产品，因为直播更直观、更真实，比图片、文字、买家评论更容易获取消费者的信任。在流量越来越贵的当下，直播已经成为大部分商家获客的不二之选。

其实，直播卖货是在迎合消费者的懒惰心理。在传统的网购模式下，消费者要通过看图文详情来了解商品信息，与客服沟通需要手动输入文字，消费者要么无法及时得到回复，要么得到的是机器人客服的回复，经常答非所问。直播几乎解决了以上所有的问题，主播会通过“语言+展示”的方式让消费者全方位了解商品信息，还能及时回答消费者的提问，让消费者可以放心购物、开心购物。

阿里巴巴的整个商业体系几乎覆盖了商业活动的各个环节，有 C2C 平台淘宝、B2C 平台天猫、B2B 平台阿里巴巴、阿里妈妈广告联盟平台、支付宝支付工具、蚂蚁金服金融服务平台、菜鸟物流服务平台等，唯一缺少的就是可以帮助商家维护用户的工具。阿里旺旺虽然解决了商家与用户的沟通问题，但它只是一个客户服务工具，不具备社交属性。

买卖交易本来就需要做好沟通，只有彼此了解，获得所需信息才能产生关系，形成持续购买。一直以来，淘宝都在思考如何让商家做好顾客维护。过去，顾客购物只关心商品价格与功能，顾客围绕商品、物流、售后等内容提出问题，客户一一回复，二者之间虽然有交流，但无法形成亲密关系，商家无法长久地留住顾客。

其实，淘宝不是没有社交基因，只是内容展现形式没有与内容很好地匹配，只要做好内容匹配，就能增强用户的黏性。从淘宝的内容生态来看，目前，淘宝有淘宝头条、社区、爱逛街、有好货等专门面向用户分享好物的内容（见图 2-12），而且淘宝还与微博、优酷等社交平台、视频平台打通，其目的都是增强用户黏性。

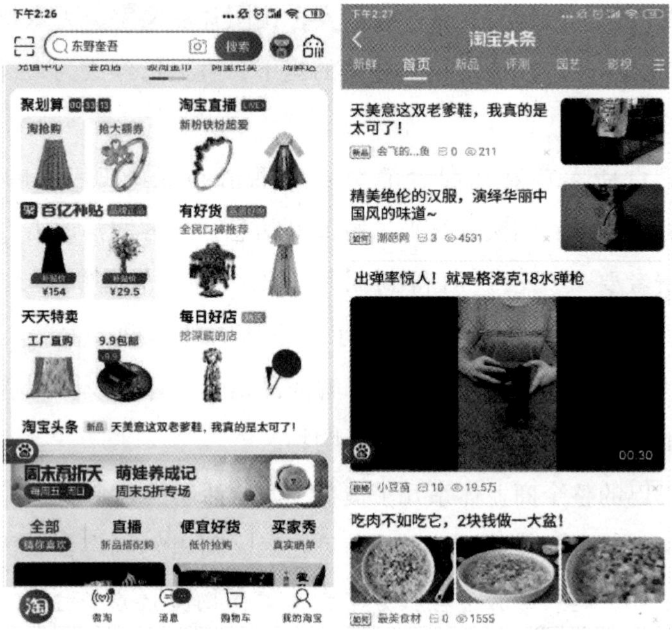

图 2-12　淘宝的内容生态

这些内容推出时都获得了不错的反响，但随着内容市场向视频、直播等方向转移，淘宝不得不做出改变，接入直播无疑是最好的选择。因为直播功能打通了用户与商家的沟通渠道，再加上淘宝官方的助推、专业主播的带动，这种新的营销方式逐渐流行开来，为商家带来源源不断的流量。

2.3 直播公会：人气主播背后的赋能者

2.3.1 入会指南：详解直播公会

随着直播行业越发成熟，行业内出现了很多直播公会。那么，究竟什么是直播公会？直播公会有哪些制度？主播是否要加入直播公会？下面我们对这些问题进行详细阐述。

◆什么是直播公会

直播公会是随直播行业不断发展兴起的一个新行业，与直播平台签约，向直播平台输送主播，相当于经纪公司或者传媒公司。目前，很多知名度较高的主播都有直播公会扶持。

直播公会与明星经纪公司的功能非常相似，只不过直播公会采用的是互联网模式，不存在现实的管理培养，为主播提供了一个更加自由的成长空间。

很多平台将公会称为家族，一些新入行的网络主播不知道什么是公会。举例来说，作为一名新主播，你想了解更多与直播有关的事情，于是加入了一个主播 QQ 群，这个 QQ 群就是公会，群主就是会长。

公会与直播平台达成合作协议，负责对主播进行培训、管理，在平台需要的时候为其输送主播，从主播佣金中抽取一定比例的分成，同时也从平台得到一定的佣金。由此可见，主播、公会、直播平台其实是互惠互利、相互依存的关系。

有些时候，公会为了培养高知名度的主播，会与平台达成战略合作，例如在平台大额充值、给主播送礼物等，这些都是新人主播不懂的操作。所以，新入行的主播要想快速成长起来，最好的方式就是加入一个可靠的公会，得到公会的扶持。

◆直播平台有直播公会制度

目前，主流的直播平台都有公会制度，例如 YY、斗鱼、虎牙等。对于一些优秀的公会，直播平台会大力扶持，这样不仅可以获得更多优秀主播，还可以降低平台的运营成本，一举两得。

◆直播公会也有线下

直播公会与主播一样有线上、线下之分。线上主播有自己的设备与场地，不需要占用公会的工作室进行直播；线下主播需要到公会的场地，使用公会的设备进行直播，而且要接受公会的排档与安排。线上主播与线下主播的待遇有很大区别，为了能够为自己争取更多利益，大部分主播都会选择线上。

2.3.2 加入直播公会的五大优势

很多主播都会考虑要不要加入直播公会，不明白为什么入驻直播网站之后，还要加入直播公会。“存在的即是合理的”，所以，首先要肯定直播公会存在的合理性，然后再来探讨加入直播公会的好处。具体来看，主播加入直播公会可享受到五大好处，如图 2-13 所示。

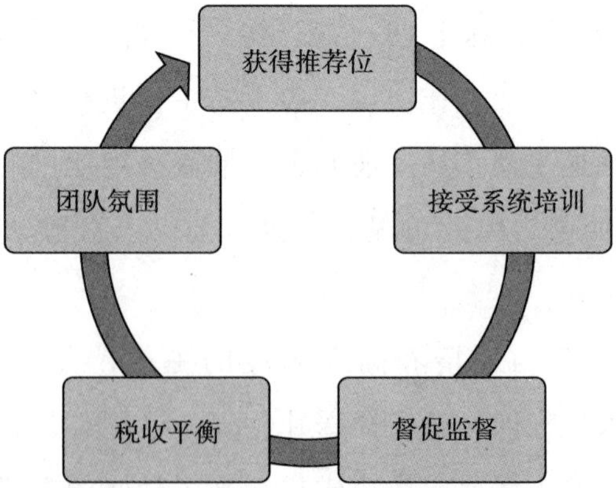

图 2-13　主播加入直播公会的五大优势

（1）获得推荐位。直播公会符合网络平台条件就能获得推荐位，它们可以将这些推荐位分配给优秀的主播，帮助这些主播获得更多曝光机会。很多直播平台都有主播家族与主播的管理条例，只要主播家族达到一定的条件，平台就会为其分配一些推荐位，例如新人推荐位、首页推荐位等。对于主播来说，获得这些推荐位是最快获取流量的方法。对于电商主播来说，流量越多，购买产品的人就越多，收益也就越多。

（2）接受系统培训。对于新人主播来说，公会的系统培训可以让其快速掌握直播技巧，了解直播设备的性能，还能与有经验的主播交流学习，快速成长。

实际上，在主播培训方面，很多中小直播公会都存在不足。直播公会的价值在于可以将主播招聘、培训、包装、推广等整个过程打通，但现实情况是，很多直播公会不具备系统化培训主播的能力，更不用说后期的包装与推广了。

主播培训涉及的内容非常多，包括如何开播、如何化妆、如何调试设备、如何使用音效工具、如何布置直播间、如何拓展粉丝资源、如何从粉丝中开发大客户、如何维护与粉丝的关系、如何提高自己的曝光度、如何提升自己的核心竞争力、如何进行自我包装等。内容非常庞杂，只有经验丰富、具有一定资质的人才能做好主播培训。

对于新入行的主播来说，找到一个可以对自己进行系统化培训，随时帮自己解决问题的公会来说非常重要。有些主播认为加入公会之后，自己的行为会受到一定的限制，但鱼和熊掌不能兼得。如果身边有经验丰富的主播提供指导，或者自身学习能力非常强，有大量的人脉资源，可以选择不加入公会。但如果一无所有，又想成为一名成功的主播，不妨选择一个可靠的公会加入。

（3）督促监督。人都有惰性，如果没有外界的监督督促，直播时间可能会慢慢减少，甚至放弃直播。而加入公会之后，在公会的监督下，主播会按时上线直播，慢慢积累经验与粉丝，最终成长为一名成熟的主播。

（4）税收平衡。按照新颁发的个人所得税法，高收入群体需要缴纳的个人所得税比较高，最高可达 45%，而直播公会的税负为 6%。所以，对于主播来说，尤其是知名度较高的主播来说，加入公会可以很好地平衡税收。

（5）团队氛围。对于主播来说，网络直播就是其每天的工作，有些主播的直播时间甚至会超过 8 小时/天，导致其在现实生活中的社交圈子变得非常狭窄。公会可以为主播营造一个良好的团队氛围，帮助其丰富线下生活与社交，在遇到问题时为其提供指导。

2.3.3 加入直播公会的七大注意事项

如果主播决定加入直播公会，那么在签约时要注意哪些事项呢？如图 2-14 所示。

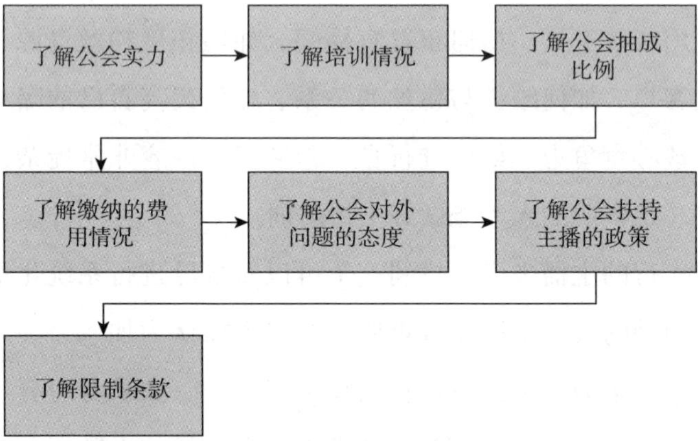

图 2-14 主播加入直播公会的七大注意事项

（1）了解公会实力。首先，主播必须明确一点，直播工会与直播平台是合作关系，必须是经过注册的公司。所以，在签约之前，主播可以先查询公司信息，了解公司实力。其次，主播可以了解该公司现有的主播有哪些，都是什么类型的主播，它们的实力如何，有多少粉丝等。在与公会负责人接触的过程中，主播必须保持理智，不要轻信负责人做出的任何承诺，要独立验证，做出科学判断。

（2）了解培训情况。主播加入公会的一个主要目的就是接受系统化的培训，尽快成长起来。而有实力的公会会为主播提供化妆培训、话术培训、风格定位培训、包装等服务。在签约之前，主播要了解公会是否会提供培训，培训内容有哪些，而且要亲自观看公会现有主播的直播，通过观察他们的风格与直播水平来判断公会的培训水平。

（3）了解公会抽成比例。前面说到，公会会从主播的佣金中抽取一定比例的分成。在签约之前，主播要了解抽成比例。需要注意的是，公会抽成不是越少越好，有些公会的抽成比例非常低，甚至不抽成，但也不会为主播提供培训、包装等服务。而有的公会虽然抽成比例较高，但会全心全意地培养主播，帮助主播更好地发展。所以，主播要综合判断，不能单纯地选择抽成比例低的公会。

（4）了解缴纳的费用情况。在签约之前，主播要了解加入公会是否需要交费，费用是多少，有没有隐形费用，这些费用是直接转入公司账户，还是转入个人账户。如果费用是直接转入公司账户，说明这个公会的信誉较好，反之，则说明公会的可靠性较差，主播要慎重考虑。

（5）了解公会对外问题的态度。正常情况下，公会与主播应该是互利共赢的关系，主播遇到问题，公会应及时提供援助。在签约之前，主播必须了解公会对外问题的态度，例如在签约主播遇到黑粉骚扰时，公会是否会及时提供帮助等。

（6）了解公会扶持主播的政策。无论新主播还是跳槽过来的老主播，在与公会签约之前都要了解公会的管理政策，例如如何分配推荐位等。因为对于主播来说，推荐位非常重要，是其吸引流量、提高曝光度的最好方式。除此之外，主播还要了解公会是否有其他扶持政策，因为推荐位有限，如果得不到推荐位，是否可以得到公会的其他扶持？

（7）了解限制条款。有些公会的限制条款比较多，例如每天必须直播多长时间，必须在几点上线直播，最少签约多少年等。为了更好地维护自己的权益，在与公会签约之前，主播必须对这些限制政策做出全面了解。

第3章

运营实战：新手前期入场开播攻略

3.1 硬件配置：盘点直播必备专业设备

3.1.1 电脑：性能稳定、高性价比

◆普通直播电脑配置

（1）CPU。淘宝直播对 CPU 的要求不是很高，使用 4 代以上的 i5 处理器即可。如果资金充裕，建议使用最新的八代 i5，因为八代 i5 升级为 6 核，可以保证直播流畅不卡顿。具体到 CPU 型号，建议使用 i5 8400 或者 i5 8500，这两款 CPU 都属于八代 i5，相较于 i5 8500 来说，i5 8400 的主频稍微低一些，价格便宜 100 多元。从整体来看，这两款 CPU 相差不大，主播团队可以根据自己的情况自由选择。

（2）内存。如果是用来进行电商直播，8G 内存就足够了。如果还想在电商直播外玩游戏，或者下载 Photoshop 修图，就需要更大的内存。

（3）主板。主板问题无须过多考虑，如果选择使用八代 i5 处理器，主板自然要用 300 系列。如果想节省资金，可以选用 H310 系列的主板；如果想让将来的扩展性能更丰富，可以选用 B360 系列的主板。选购主板时

不仅要考虑型号，还要注意品牌，不要因为价格低选用杂牌主板，否则很容易使电脑的整体性能受到影响，给电脑埋下隐患。

（4）显卡。淘宝直播对显卡的要求也不高，如果不玩游戏、不做剪辑，集显就可以满足电商直播的要求。但如果用户要用电脑做一些电商直播之外的工作，就需要配置一套独立的显卡。例如 GTX1050，价格在千元以下，大多数用户都能接受，性能也能满足用户需求。

（5）硬盘。硬盘要首选固态，如果觉得固态硬盘容量不够，可以考虑再加一块大容量的机械硬盘。

（6）电源、机箱。电源只要功率足够，不是杂牌即可。机箱可以根据自己的喜好挑选。

从总体上看，电商直播对电脑的配置要求并不高，主播团队可以根据自己的经济实力、功能要求自由选择搭配。

3.1.2 灯光：明亮清晰、展示细节

随着人们的审美水平越来越高，要求越来越多，作为一种装饰，灯具的类型越来越多元化，从吸顶灯、吊灯到聚光灯、筒灯、分支灯，不同类型的灯具有不同的功能。为了满足照明需求，电商直播间至少要安装吸顶灯和辅助灯，下面对这两类灯具的挑选技巧进行具体介绍。

◆吸顶灯

在电商直播间，吸顶灯的功能主要是照明。为了获得合适的亮度，主播团队应该如何选择吸顶灯呢？

（1）看光。所有的灯具都由三部分组成，分别是灯体、电器和光源。根据光源的不同，吸顶灯可以分为四种类型，分别是普通白炽灯、卤钨灯、荧光灯和 LED 灯。不同的光源吸顶灯适合在不同位置使用。一般情况下，电商直播间的吸顶灯可以优先考虑 LED 灯。

在选好灯具类型之后要检查光源亮度与色温。色温的测试方法非常简

单，打开灯，主播站在灯下，将手掌伸到光源侧面看手掌颜色，如果手掌颜色红润说明色温合适；如果手掌呈蓝色或者紫色，说明色温过高。光源亮度测试可以通过摄像头看主播，如果主播看起来非常亮，说明曝光过度，光源亮度太高；如果主播看起来比较暗，说明曝光不足，光源亮度太低。

（2）看电器。电器是灯具的重要组件，可以稳定光源，或者为光源提供瞬间电压。灯的电器也称为镇流器。荧光灯必须配备镇流器。镇流器可以保持光源稳定，其质量好坏直接决定着荧光灯的寿命。

（3）尺寸。吸顶灯的尺寸要根据直播间的大小确定。如果直播间的面积小于10平方米，可以选择直径在45厘米左右，功率100瓦的吸顶灯；如果直播间的面积为10~20平方米，可以选择直径60厘米，功率200瓦的吸顶灯；如果直播间的面积为20~30平方米，可以选择直径80厘米，功率为300~400瓦的吸顶灯。

◆**辅助灯**

除吸顶灯之外，直播间还需要辅助灯来帮助照明。

环形灯可以用来补光。如果直播间光线较暗，主播在开播前可以打开环形灯。环形灯的灯光比较柔和，不会导致镜头曝光。需要注意的是，柔光灯箱最好使用可控光比较强的，光色最好是暖白或者暖黄。

（1）使用何种光源。环形灯的光效深受光源影响，目前，市面上主流的环形灯基本上都使用LED作为光源。LED分为传统的LED颗粒灯珠和LED贴片，后者的功能更强，功率更大，亮度更高，可以作为环形灯光源的首选。

（2）LED数量及功率。LED的数量越多，环形灯的亮度就越高，功率就越大。以R48B环形灯为例，这款环形灯使用了432颗高亮贴片LED，功率48瓦，光通量4800LM，相当于一个500瓦的钨丝灯的亮度。所以，在选购环形灯时要考虑LED的数量与功率。

（3）是单色温还是双色温。在购买环形灯时，色温也是必须考虑的一项指标。环形灯有两种，一种是单色温的环形灯，色温为 5600K，还有一种是双色温的环形灯，色温为 3200 ~ 5600K。在直播过程中，主播团队只需拨动按钮就能进行无段式调光，不需要改变相机位置就能轻松获得双色温。

（4）显色指数要高。显色指数指的是不同光源照射在同一颜色的物体上会呈现出不同颜色的特性，显色指数越高说明灯光色彩的还原度越高。

（5）供电模式要满足自身拍摄需求。环形灯有两种供电模式，一种是外置锂电池供电，适合室外直播使用，一种是直流电供电，适合室内直播使用，电商主播要根据自己的需要进行选择。如果主播经常室外拍摄，最好选择双供电模式的环形灯。

（6）是否支持无线遥控。目前，市场上有些环形灯支持无线遥控，有些环形灯不支持。在直播过程中，很多场景都需要多灯配合布光，如果环形灯支持无线遥控，主播就可以在原地通过遥控器控制各个方位的环形灯，提高布光效率。

（7）散热性能必须好。很多人在选购环形灯时都会忽略它的散热性。其实，对于环形灯来说，其寿命长短在很大程度上取决于散热性的好坏。因为 LED 工作时散发出来的热量非常大，如果散热不及时，环形灯内部积聚的温度过高，会导致其寿命缩短。

（8）能否兼容多种配件。在电商直播过程中，环形灯需要借助各式各样的配件满足拍摄需求。所以，主播团队在选购环形灯时也要考虑其对其他配件的兼容能力。例如有些环形灯设计了通用的热靴底座，可以用来固定手机、化妆镜、单反相机等，非常实用。

3.1.3 麦克风：拾音清晰、高灵敏度

目前，麦克风主要有两类，一种是动圈式的麦克风，一种是电容式的麦克风。因为人们对音质的要求越来越高，所以很多主播都开始选用电容类麦

克风来直播。那么选择电容类麦克风需要遵循哪些原则呢？如图 3-1 所示。

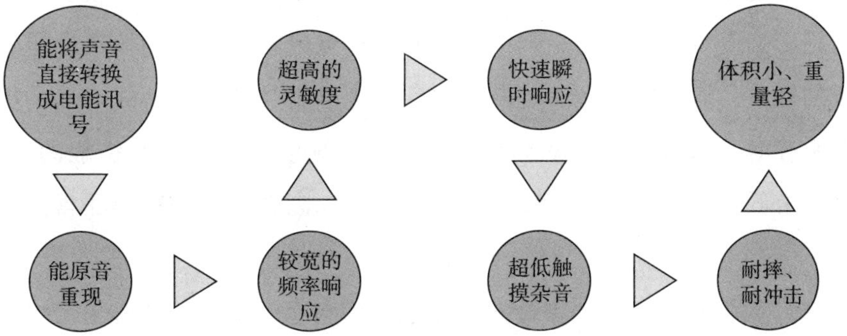

图 3-1　电容类麦克风挑选原则

（1）能将声音直接转换成电能讯号。电容式麦克风利用导体间电容充放电原理，用超薄的金属或镀金的塑料薄膜做振动膜，用来感应音压，将导体间的静电压直接转换为电能讯号，然后通过电子电路耦合获得实用的输出阻抗及较高的灵敏度。

（2）能原音重现。很多音响专家都将原音重现视为音响最极致的功能。从麦克风的基本设计原理来看，电容式麦克风利用精密的机构制造技术，结合复杂的电路，可以将声音直接转换为电能讯号，在最大限度上实现“原音重现”。

（3）较宽的频率响应。在麦克风将声音转换为电能讯号的过程中，振动膜是非常重要的一个组件。振动膜的材质与机构设计在一定程度上决定了麦克风的音质。电容式麦克风的振动膜使用的材料非常轻薄，而且可以直接将感应到的音压转换为音频讯号，低音可低至 10Hz 以下，高音可达数十赫兹，频率响应非常宽广。

（4）超高的灵敏度。电容式麦克风的振动膜上面没有音圈，所以可以采用轻薄设计，不仅可以接收到跨度极大的音频信号，而且非常灵敏，不仅可以感应微弱电波，还能将原音清晰、精准地传送出来。

（5）快速瞬时响应。振动膜不仅影响着麦克风的频率响应及灵敏度，而且还决定着麦克风的瞬时响应能力，也就是麦克风对声波反应的快慢，是影响麦克风音色的一个重要因素。麦克风瞬时响应的快慢决定着振动膜的轻重，振动膜越轻，对声波的反应速度就越快。电容式音头的振动膜非常轻薄，瞬时响应速度非常快，可以表现明亮的音色及精准的音响。尤其是中低音可以做到完全没有音染及箱音，高音可以表现得非常细腻且清脆。

（6）超低触摸杂音。手握式麦克风因为与手掌接触非常容易产生触摸杂音，使得原音混杂噪声，对音质产生不良影响。对于安装了前置放大电路的无线麦克风来说，这种影响更严重。于是，触摸杂音就成了评判麦克风质量的重要标准。从物理学层面解释，一片鹅毛与一枚硬币同时掉落，鹅毛几乎听不到声响，硬币的声音就很大，这就说明重量轻的材料的撞击声也比较小。同理，电容式麦克风因为振动膜比较轻，所以先天具有超低触摸杂音的特点。

（7）耐摔、耐冲击。主播在直播过程中使用麦克风，可能会因为不慎掉落导致麦克风发生故障。因为电容式麦克风的音头由较轻的塑料零件及比较坚固的轻金属外壳构成，掉落到地上受到的撞击力比较小，发生损坏的概率比较低。

（8）体积小、重量轻。电容式麦克风因为使用的振动膜比较轻薄，所以体积比较小、重量比较轻、灵敏度比较高、频率响应速度比较快，可以设计成超小型麦克风广泛应用，例如“小蜜蜂”“小蚂蚁”等。

3.1.4 摄像头：输出高清细腻图像

对于电商直播来说，摄像头非常重要，它关系着主播能否将产品清晰地展示给受众，将产品卖点全面展示出来，激发受众的购买冲动，达成交易。另外主播形象的展现也离不开摄像头的助力。所以，对于电商主播来说，选择一个合适的摄像头非常重要。

◆分类

目前，市面上的摄像头主要有两类，一类是数字摄像头，一类是模拟摄像头。电脑市场上的摄像头多为数字摄像头。数字摄像头可以将采集到的模拟视频信号转换为数字信号，在计算机中存储下来。其可以直接捕捉影像，通过串口、并口或USB接口将这些影像直接传输到计算机中。在数字摄像头领域，应用新型数据传输接口的USB数字摄像头占比极大。除此之外，市面上还有一种与视频采集卡配合使用的摄像头，但这种摄像头所占市场份额比较小，很少有人使用。

模拟摄像头无法将采集到的视频信号直接转化成数字信号，需要利用特定的视频捕捉卡将模拟信号转化成数字模式，经过压缩才能传输到计算机上使用。模拟摄像头可以和视频采集卡或USB视频采集卡配套使用，可以连电脑，经常用于监控录像，很少用于直播。

◆选购指南

影响摄像头质量的因素有很多，例如镜头、主控芯片、感光芯片、像素、捕获速度等。电商直播团队在选购摄像头时必须对这五个方面进行充分考虑，如图3-2所示。

（1）镜头。目前，顶级的摄像头镜头当属五层“全玻”。摄像头的镜头为透镜结构，由几片透镜组成。透镜主要有两种，一种是塑胶透镜，一种是玻璃透镜。常见的摄像头的镜头构造包括1P、2P、1G1P、1G2P、2G2P、4G等，透镜越多，价格越贵。所以，一个高品质的摄像头应该采用全玻璃镜头。因为相较于塑胶镜头来说，全玻璃镜头的成像效果要好很多。但为了降低成本，市面上大多数摄像头产品使用的都是塑胶镜头或半塑胶半玻璃镜头，例如1P、2P、1G1P、1G2P等。

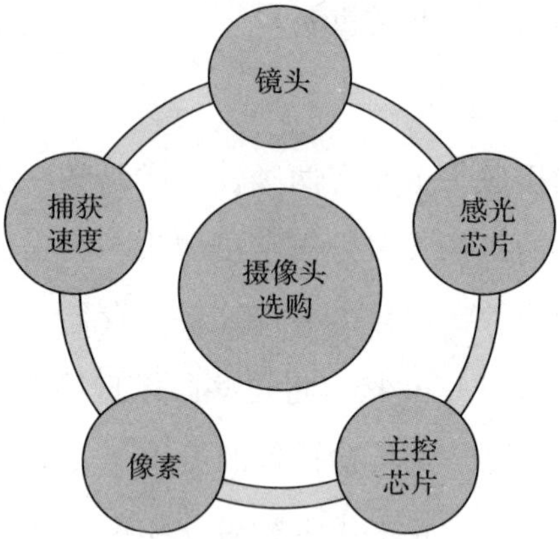

图 3-2　摄像头选购需考虑的五大要素

（2）感光芯片。感光芯片是数码摄像机的重要组成部分，根据元件的不同，感光芯片可以分为以下两种：

CCD（Charge Coupled Device，电荷耦合元件），在摄影摄像领域应用的高端技术元件，应用技术越成熟，成像效果越好，价格也相对要高。该元件的优点在于灵敏度比较小，噪声比较小，信噪比比较大，但生产工艺比较复杂，生产成本较高，功耗也比较高。

CMOS（Complementary Metal-Oxide Semiconductor，金属氧化物半导体元件），主要应用于对影像品质要求不高的产品中。相较于 CCD 来说，CMOS 价格较低，功耗较小，但噪声比较大，灵敏度也比较低。

在相同像素下，CCD 的成像比较通透，明锐度较好，色彩还原度较高，曝光较准确。CMOS 成像的通透性一般，色彩还原能力较弱，曝光效果也不太好。

（3）主控芯片。主控芯片要根据摄像头成本、市场接受程度来选择。目前，主控芯片的设计与生产已趋于成熟，各项技术指标相差不大，只是在某些细微环节与驱动程序方面需要不断改进。

（4）像素。像素指的是传感器像素，是衡量摄像头的一个重要指标。

一些摄像头产品会在包装盒上印制像素参考，例如 30 万像素、35 万像素等。在电商直播场景中，摄像头的像素越高，呈现出来的效果就越好。但同时，摄像头的像素越高，图像解析能力就越强，产生的数据规模就越大，对存储设备的要求也就越高。所以，对于电商直播团队来说，选购摄像头时不用过度追求像素，选用市面上主流的摄像头即可。

出于对价格、电脑硬件、成像效果等因素的综合考虑，目前，市面上主流摄像头的像素大多为 30 万。另外，因为 CMOS 通过高像素摄像头的成像效果不太好，所以市面上主流的摄像头仍然是 CCD 摄像头。需要注意的是，有些分辨率的标识指的是在相应软件的辅助下产品能够达到的插值分辨率，虽然可以使图像精度有所提升，但相较于硬件分辨率来说二者还存在一定的差距。

（5）捕获速度。摄像头的捕获能力需要借助软件来实现，所以对电脑的性能提出了较高的要求，要求电脑 CPU 处理速度快。目前，摄像头捕捉画面的最大分辨率是 640×480，在这种分辨率下，很少有摄像头的捕捉速度能达到 30 帧/秒，导致画面会偶尔跳动。就目前的技术条件来说，在 320×240 分辨率下，硬件与软件结合有望达到标准的捕获速度。

3.2 账号设置：手把手教你管理直播间

3.2.1 直播账号起名的六个技巧

主播在注册直播账号时，首先面临的一项问题就是直播账号起名，下面分享一些直播账号起名的实用技巧，为主播提供参考，如图 3-3 所示。

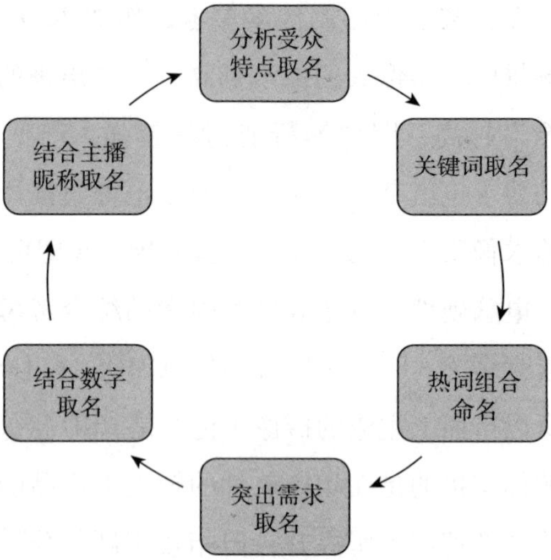

图 3-3　直播账号起名的六个技巧

（1）分析受众特点取名。在注册直播账号时，主播必须思考直播账号定位问题，例如直播以什么类型的内容为主，直播受众主要是哪些群体等。主播可以在分析目标受众的年龄、性别、职业、文化水平、日常生活与工作场景，洞察他们的物质与精神需求的基础上为直播账号起一个合适的名称。

假如主播想做一个母婴领域的直播账号，考虑到目标受众大多是有了宝宝的女性用户，可以将直播账号命名为“母婴育儿妈妈酱”“辣妈养娃”“兜爷妈妈不睡觉”等，不仅简单易记，体现了直播内容，而且实现了对目标受众的精准覆盖，在引流曝光方面有极大的优势。

（2）关键词取名。就像文案标题要求简短一样，直播账号起名也应该尽可能地做到简单直接，这样才能在第一时间吸引用户眼球。所以，当主播为账号起名时，不妨运用所在领域的关键词，例如：美妆领域的直播账号可以起名为“美丽修行”“女神进化论”等；旅游领域的账号可以起名为“一起旅行”“爱旅行”“自由旅行”等。

（3）热词组合命名。部分用户看直播是为了消磨时间，没有明确的目标，在选择直播间时可能会在搜索框输入热词进行搜索。某美妆主播将直播账号命名为“美妆实用小技巧”，在化妆领域，实用、小窍门都属于热词。当对美妆感兴趣的用户打开直播平台搜索自己需要的内容时，可能会输入这类热词，在搜索结果中最先看到该账号。利用热词取名时，主播可以借助百度指数、新浪微指数、站长工具等大数据工具来查找自己所在领域的热词，在此基础上拟定一个吸睛的直播账号名称。

（4）突出需求取名。能否满足用户需求是衡量产品价值的关键指标，直播可以看作一个内容产品，能否满足用户需求在一定程度上决定了直播账号的价值。所以，主播在为账号起名时，可以突出直播内容能够满足的用户需求。以游戏账号为例，卡关与找游戏难是游戏用户面临的两大痛点，主播在为直播账号起名时可以从解决这两个痛点的角度着手，如“破关大师”“新作点评”等，刺激用户产生点击观看的欲望。

（5）结合数字取名。在给直播账号起名时加入一些数字，往往能产生较好的效果。例如“10 分钟化妆”，根据这个账号名，用户可以判断出直播的主要内容，即讲述快速化妆技巧，不但增加了直播账号的辨识度，还迎合了快节奏时代人们的实际需要。

“10 分钟记单词”“10 分钟菜谱”等名称也能产生类似作用。这类直播账号名通常是在较短的时间内为用户提供一些他们感兴趣的直播内容，或帮助用户用较短的时间学习一些日常生活与工作中的实用技能等，这对那些想要提高碎片化时间利用率的用户来说极具吸引力。

（6）结合主播昵称取名。利用主播昵称为直播账号起名，这种起名方法简单实用，但有一定的局限性，适合已经有一定名气的主播使用。因为这类主播已经积累了一定的粉丝，直接用昵称起名，可以更快地度过新人阶段。例如，一些红人入驻直播平台时，会将自己的直播间命名为“××（艺名）的直播间”，更有甚者直接将艺名作为直播账号名。

3.2.2 选取账号头像的三种思路

在虚拟的网络世界中，头像是一种重要的视觉语言，直播账号头像选择非常关键。那么，主播应该如何选择账号头像呢？下面列举 3 种选择头像的方法。

◆真人头像

真人头像以人为焦点，通常是用主播的正面照为素材，人物脸部在图片中占据较大比例，可以重点突出人物脸部形态，细腻刻画人物脸部质感。主播在拍摄真人头像时要注意以下三点，如图 3-4 所示。

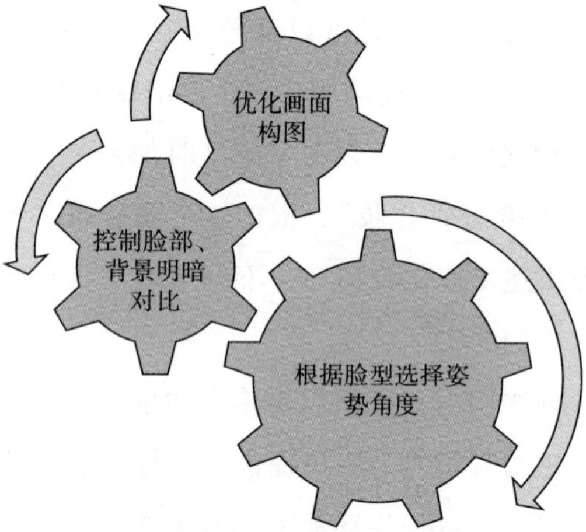

图 3-4　主播拍摄真人头像的三大注意事项

（1）根据脸形选择姿势角度。拍摄前，主播要先分析自己的脸形，选择更科学的拍摄姿势与拍摄角度。例如，如果主播的额头比较平、鼻梁挺秀、下巴微凸、颧骨不高，可以选择侧面拍摄；如果主播脸形微胖，可以使用高角度拍摄。

（2）控制脸部、背景明暗对比。通过控制脸部与背景的明暗对比，可以突出脸部，塑造立体感、空间感。

（3）优化画面构图。正面拍摄时，可以将人物脸部安排在图像的中间位置；侧面拍摄时，应该确保图像中人物脸部前面空间大于后面空间。因为，在观众的视觉印象中，人物头像的“脸部”较为突出，后脑较为边缘化。因此，当从侧面拍照时，可以将人物后脑安排在画面边缘处，为脸部提供一定的伸展空间，让整个画面显得更平衡、更舒适。

◆品牌形象头像

目前，越来越多的品牌商与企业试水直播电商。在为品牌做带货直播时，主播的角色更像是品牌代言人，为了助力品牌建设，主播可以将品牌 LOGO 设计为账号头像。这类头像可以向用户传递一个清晰简洁的视觉符号，让品牌在用户心中留下一定的印象。用品牌 LOGO 做直播账号头像时需要注意四点，如图 3-5 所示。

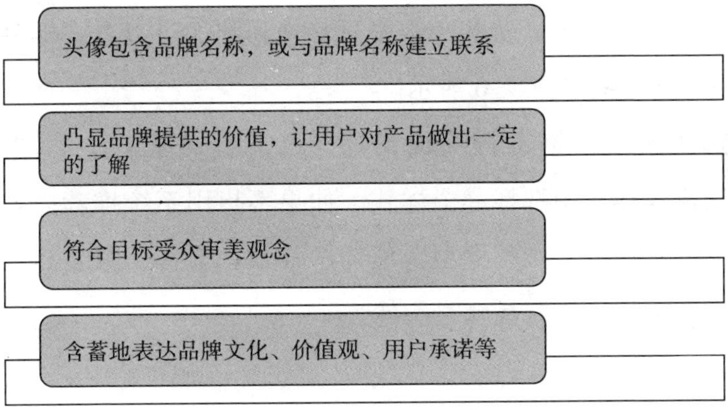

图 3-5 选择品牌 LOGO 做直播账号头像的四大注意事项

◆卡通头像

使用卡通头像不仅能为直播账号增加童趣，更能提高直播账号的辨识度，给用户留下深刻印象。怎么选择合适的卡通头像呢？除了从现有的卡通形象中挑选外，主播还可以借助专业软件制作专属的卡通头像。下面以美图秀秀为例，对卡通形象的制作方法进行简单介绍。

第一，打开美图秀秀 App，点击屏幕下方的“工具箱”，找到“动漫化身”，点击“绘制动漫形象”，然后选择“打开相机”或者“从相册选择一张”。

第二，选择现场拍摄后，相机会对人脸进行识别，之后系统将自动根据人的发型、服饰等自动生成一张头像。拍摄时，人物的偏头、微笑、眨眼等动作也将自动同步在头像中。

第三，如果对头像效果满意，可以直接点击下方正中间的相机图像，将其保存下来。需要注意的是，这种尚未修饰的头像可能出现与其他人头像相似度较高的情况，为解决这一问题，主播可以继续利用美图秀秀对头像进行修饰。

第四，利用美图秀秀修饰头像时，可以选择插画风格与经典风格，其中，插画风格是默认风格。如果主播想要使用该风格，可以直接点击屏幕右下方的“装扮”功能；如果想要尝试经典风格，可以点击屏幕左下方的“风格”进行选择，如图 3-6 所示。

主播选择插画风格进行头像修饰，点击右屏幕右下方“装扮”功能，从系统推荐样式中选择一个样式。如果不想用系统推荐样式，可以使用屏幕下方的按钮分别调整发型、配饰、背景、五官、服装等，调整完成后将图片保存下来作为直播账号头像。

图 3-6　美图秀秀制作卡通头像

3.2.3　选取直播封面的九大原则

对于直播间来说，封面图就是它的门面，新颖有趣的封面可以增强用户点击进入直播间的冲动，对直播间流量有着直接影响。直播间流量越高，观看人数就越多，流量转化率也就越高。同等排名条件下，哪个直播间的封面图更有趣、更有吸引力，哪个直播间就能获得更多流量。

直播间设计封面图有两种方式：第一种，如果直播间销售的是珠宝饰品等小商品，可以用精美的产品图片作为直播间封面图；第二种，如果直播间销售的是其他品类的商品，可以使用模特图或者功能性海报作为封面图。封面图必须与直播间商品保持一致，否则直播间的跳出率会很高，给直播间数据造成不良影响。

具体来看，直播间的封面图设计应遵循以下九大原则，如图 3-7 所示。

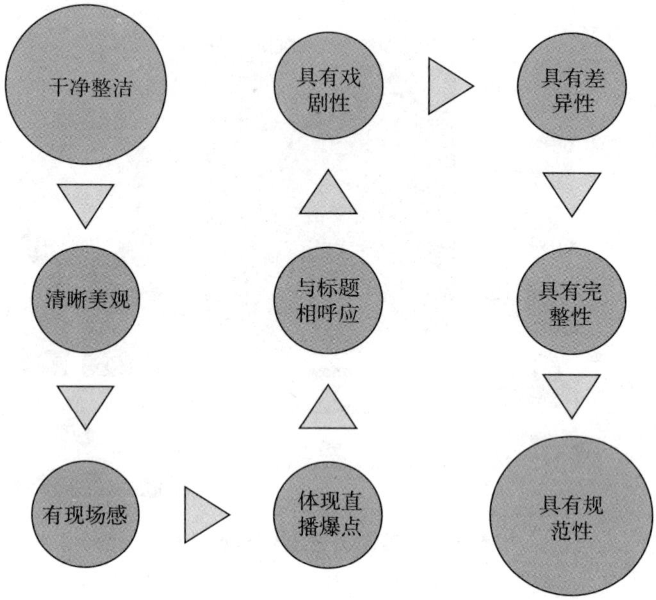

图 3-7　直播间封面图设计的九大原则

（1）封面图要干净整洁。首先，在光线方面，要想营造一个干净素雅的画面，光线应尽量充足而均匀，不要太强烈。其次，在角度方面，为了得到一个简约的画面，摄像机应尽量与地面平行或者垂直，不要使用斜线构图。最后，颜色方面，较低的饱和度会让画面看起来更统一、更和谐。饱和度指的是色彩的鲜艳程度，又叫色彩纯度。饱和度越高，色彩越鲜艳，视觉冲击力越强。相反，饱和度越低，画面给人的感觉越舒适、平和。

（2）封面图要清晰美观。清晰美观是对直播间封面图的基本要求。如果直播间封面图比较模糊，会直接拉低用户对直播间的第一印象，导致优质的内容得不到很好的推荐。

（3）封面图要有现场感。直播间的封面图可以展示某个精彩的直播瞬间，让用户近距离地感受直播现场的气氛。为了保证最终呈现的效果，摄像师要在直播过程中进行现场抓拍，选择其中最精彩的图片制成封面图。

例如，专注于美食直播的直播间，可以使用主播在直播现场大快朵颐的图片作为封面图，效果要比单纯地使用静态图片好很多。

（4）封面图要体现直播爆点。直播间的封面图要体现直播的精彩之处，例如，销售运动器材的直播间，可以用主播做的高难度动作作为封面图，让用户一眼就能捕捉到直播间想要传达的重点信息，了解这个直播间的功能，吸引对运动有兴趣、需要购买运动设备的用户点击进入。

（5）封面图要与标题相呼应。直播间的封面图要与直播主题相呼应，封面图不仅要体现标题内容，还要给路过的用户一定的想象空间，让他们迫不及待地想要点击观看。

（6）封面图要具有戏剧性。直播间的封面图要有一定的戏剧性，让用户对直播产生期待。例如，PK类直播可以使用主播在PK过程中的奇怪表情作为封面图，或者专门设计一个PK场景作为封面图，吸引用户点击观看。

（7）封面图要具有差异性。直播间的封面图要体现自己的个性，不能和其他直播间使用同一个封面图，否则会让用户产生误解，认为直播间的直播内容与其他直播间没有区别，直接忽略。

（8）封面图要具有完整性。直播间的封面图必须完整，为保证视觉效果，最好不要使用拼图，也不要将图片背景设为白色，因为白色背景很难展现图片特色，而拼图则会让人眼花缭乱，影响视觉效果。

（9）封面图要具有规范性。直播间封面图的设计制作要严格遵守平台规则，格式必须准确，以提高通过平台审核的概率。那么，直播间封面图制作要遵循哪些要求呢？下面以淘宝直播为例对这一问题进行全面解析。

- 除客户端贴纸外，直播间封面图不要使用任何文字。
- 直播间封面图不要使用拼接图与边框图。
- 直播间封面图画面完整、主题突出，不要有太细碎的内容。

● 如果封面图中有除主播以外的人物头像，要取得相应的版权。

● 频道内的封面格式是 750×750，如果是手机淘宝，封面图的比例为 16：9。

● 如果直播销售的产品是护肤美妆类产品，直播间封面图可以使用商品图或者主播展示商品的图片，图片与直播主题保持一致。

总而言之，无论什么类型的直播间，封面图都必须符合直播主题，而且要美观、有趣、新奇，最大限度激发用户的好奇心，吸引他们走进直播间观看。

3.2.4 设置直播标题的四个技巧

直播标题会在一定程度上显露直播内容，直接决定用户是否会点击观看。为了增强对用户的吸引力，主播必须重视直播标题设置。首先，直播标题设置必须遵循两大原则，如图 3-8 所示。

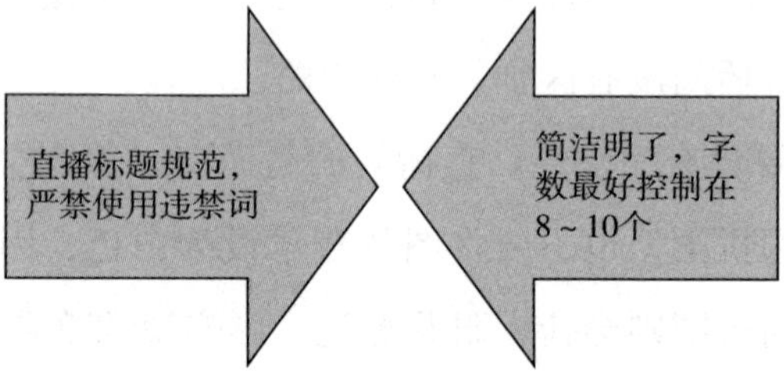

图 3-8　直播标题设置的两大原则

◆直播标题规范

所有直播标题都要通过平台审核才能上线，为了顺利通过审核，直播标题最好不要涉及违禁词。从目前的情况看，直播标题拟定最有可能涉及的违禁词大致有两种：

第一种：会让人产生廉价感的词语，例如清仓、批发、秒杀、甩卖等，还有“某工厂倒闭，全场 1 折抢”等句子。直播标题拟定最好不要出现这些词句，以免给用户留下“便宜没好货”的印象。

第二种：会让人产生虚假宣传感觉的词语，例如国家级、顶级、第一品牌、绝无仅有、万能、独家、首选、绝对、唯一、巅峰等。如果某直播标题是“国家级工艺美术大师的巅峰之作”，会让用户产生极高的期待。一旦收到的产品有一点瑕疵，就会产生“被骗”的感觉。

需要注意的是，很多直播标题都会用到“最”这个字眼，例如“洁面最关键的一步”“选购运动衣最重要的环节”等，因为没有夸大产品，所以可以使用。另外，为了显示程度，直播标题可以使用“很”“十足”“非常”等字眼，例如“非常好吃”“十分有料”等。

做到以上两点，直播标题就能顺利通过审核，得到一个基础分。

◆简洁明了

因为电商直播面向的是大众，所以直播标题不能太长，不能使用生僻字，不能佶屈聱牙，尽量减少用户的思考时间，提高用户点击进入直播间的积极性。一个好的直播标题必须简单明了，字数最好控制在 8～10 个。为保证标题可以完整地显示出来，字数必须控制在 8 个字以内。但标题字数也不能太少，以免遗漏重要信息，比如“原生态水果促销”“杜哥珠宝展”等，这类标题显得非常单薄，很难吸引用户点击进入。

标题拟定好之后，直播团队要多读几遍。如果发现标题读起来不通顺，或者里面有多余的、晦涩难懂的字，例如“珠宝巅峰榜双冠王珍珠哥粉丝福利”“六鳌红薯粉糯香甜吃上瘾现挑现装”等，必须修改。这样的标题词语密集堆砌在一起，没有停顿、没有重点，用户根本无法立即理解，非常影响阅读体验。为了让标题做到重点突出，更有说服力，可以适当地添加空格，使用对偶句式，例如“嗨翻预售 豪礼不停”等。

那么，直播标题如何拟定才能做到理性与感性兼具，既简洁明了，又具有强大的吸引力呢？具体来看，直播标题拟定可以遵循以下四大技巧，如图 3-9 所示。

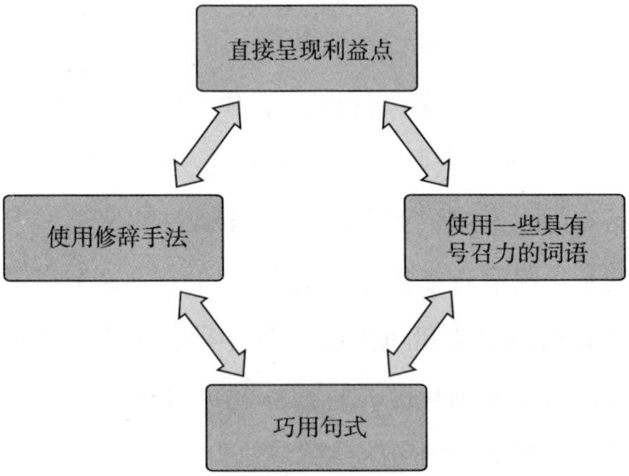

图 3-9　直播标题拟定的四大技巧

（1）直接呈现利益点。直播标题可以用数字或可量化的字眼代替模糊的概念，增强说服力。如“月瘦 20 斤”“试用 5 天”“150 矮个子也能穿出大长腿”“自热小火锅的 100 种吃法”“100%羊绒大衣”“全场 29 元起”等。

（2）使用一些具有号召力的词语。为了将利益点直接呈现出来，直播标题可以使用一些关键字眼，如“你”，这个人称代词含有明显的邀请意味，可以拉近与用户之间的距离，“多芬最懂你的洁面”“欧诗漫带你白成光”等。

也可以使用“来”这个动词，对用户产生一定的引导作用，如“来，和我一起开启美食冒险之旅吧”“来，我们一起走进××果园”“来，点击关注赢好礼”等。

还可以使用代词“这”，这个词汇具有明显的指向性，如“你要的美食在这里”“眼妆这样画才叫女神范儿”“这款粉底你值得拥有”等。

或者“必”，必买、必备、必选、必拍等，这些词语会让用户产生“非常值得”的感觉，如“双 11 必买清单”“追剧必备美食”“胖 mm 必选瘦身神器”等。

还有一些理性诉求经常用到的词语，攻略、秘密、秘诀、干货、秘籍、大全、小心机等，如“冬日裸妆小心机”“吃货美食地图大全”“新手化妆误区纠正”“冬天穿搭秘籍”等。

（3）巧用句式。直播标题可以使用疑问句，如“新手化妆如何起步”“双11买什么最划算”“怎么对付顽固性痘痘”等。

还可以将形容词与动词搭配在一起使用，如“带你遨游梦幻海岛世界”“专注敏感肌肤护理”“Pick小心机口红色”等。

（4）使用修辞手法。直播标题可以使用一些修辞手法，例如对比、拟人、比喻等，显得新颖别致，瞬间抓住人的注意力，如“这种腮红画法让你面若桃花”“随时随地让肌肤喝饱水”“深夜食堂挑逗你的味蕾”等。

还可以使用一些具体化的场景来营造一种新的氛围，如“好吃到哭的野猪肉”“美到爆炸的眼影盘”等。

直播标题还可以使用一些具有“威胁性”的词汇，刺激粉丝产生购买冲动，如“双11剁手 不买会亏”“秋冬美白季，错过黑一年”“让你毁容的7个坏习惯”等。

对于一场直播来说，直播标题非常重要。除上述几种方法之外，直播间标题的拟定还有很多方法可以探索，而这需要直播团队巧妙构思、发挥想象力与创造力，用独具特色的标题吸引更多流量。

3.3 场景搭建：营造优良的直播间氛围

3.3.1 布置直播间灯光的五个步骤

在直播间里，灯光的作用有很多，如渲染气氛、营造个人风格、为主播美化皮肤等。如果灯光运用得当，就能带给观众无与伦比的视觉体验。那么，直播间灯光应如何设计呢？

◆灯光的布置

不同的照射角度，不同的组合搭配呈现不同的光影效果。一般来说，直播间要布置五类灯光，如图 3-10 所示。其步骤如下：

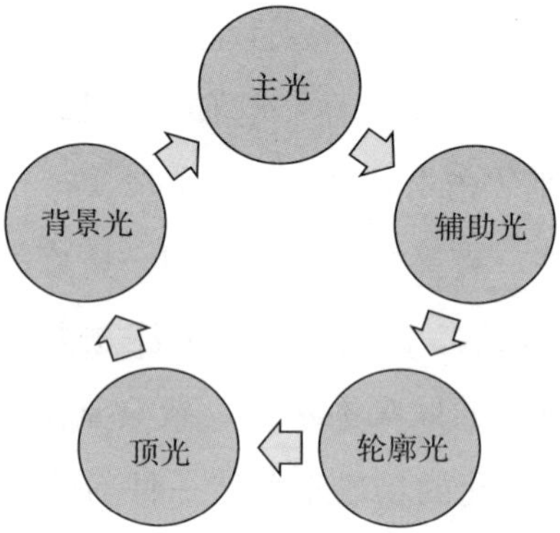

图 3-10　直播间的五种灯光类型

（1）主光。主光要放在主播的正面，与摄像头的镜头光轴成 0~15°夹角。这个角度照射出来的主光光线均匀，能让主播的脸部显得更柔和，但也因为正面照射没有阴影，会使整个画面显得呆板，没有层次感、立体感。

（2）辅助光。辅助光要放在主播左右两侧，一个放在左前方与主播成 45°，让主播的面部产生阴影，产生立体感；一个放在右后方 45°，与左前方的光线形成反差，让主播看起来更加立体。辅助光的设置要注意调节光比，防止光线太亮导致主播面部曝光过度或者部分太暗导致主播面部颜色不匀，如图 3-11 所示。

（3）轮廓光。轮廓光应放在主播身后，与主光相对形成逆光效果。轮廓光不仅可以塑造主播轮廓，还能将主播从直播间的背景中分离出来，让主播更加突出。轮廓光的设置一定要注意光线亮度，光线过亮会使主体画面过黑，产生反效果。

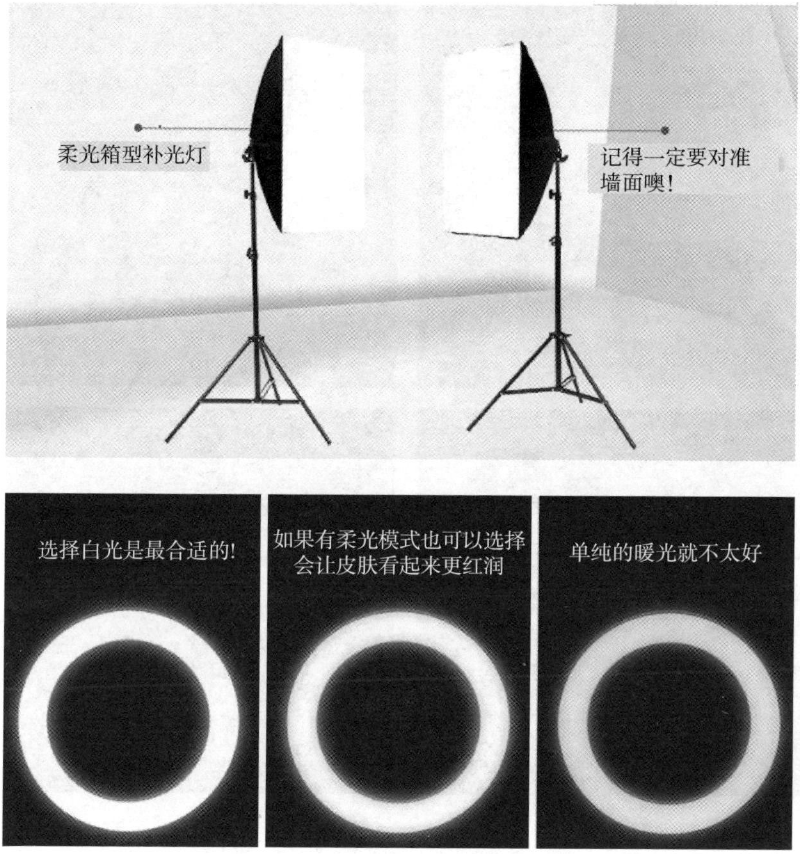

图 3-11　辅助光的选择

（4）顶光。顶光应该放在主播的上方，让光线从上方投射下来形成浓重的投影，更好地塑造主播的轮廓。需要注意的是，顶光与主播的距离不能超过 2 米。虽然顶光能够打造立体感，但也容易在主播的眼睛或鼻子下方形成阴影。

（5）背景光。背景光可以让直播间的光线变得更加均匀，呈现出完美的直播背景。需要注意的是，背景光的主要作用是均匀光线，所以要在直播间多个位置设置低亮度光源，如图 3-12 所示。

图 3-12　背景光的选择

要想打造一个"完美"的直播间，上述灯光缺一不可。因为每个灯光都有自己的优缺点，必须配合使用才能达到最佳效果。灯光调试过程非常复杂，需要调试人员保持耐心，打造一个完美的灯光效果。

◆灯光的光效

（1）立体轮廓法。如果主播想增强自身轮廓的立体感，可以采用斜上光源，将光源放置在主播头顶左右斜上方 45°的位置。在调试灯光的过程中，主播会发现自己眼睛下方有一块明亮的三角形光斑，这种方法就是伦勃朗布光法，可以让主播面部更加立体，强化主播脸部的骨骼结构。

（2）蝴蝶光瘦脸法。很多主播都希望自己的脸上镜之后小一些，这种情况下就可以使用顶光布光法。在主播头顶偏前的位置布置光源，将主播颧骨、嘴角、鼻子等部位的阴影拉长，从而拉长主播的脸部轮廓，达到瘦脸效果。总而言之，对于主播来说，直播间的灯光非常重要，但灯光调试是一个漫长的过程中，主播要保持耐心，找到合适自己的光源角度与布光方式，利用灯光为自己添彩。

3.3.2 装饰直播间的四种主流风格

直播间布置有很多风格，例如粉色少女风、清新绿植风、炫酷闪耀风、深色质感风等，主播可以根据自己的性格选择合适的风格，让观众产生代入感，全身心地融入直播氛围。下面介绍装饰直播间的四种主流风格。

◆粉色少女风

很多女生都有一颗少女心，喜欢粉色系的装饰。主播可以利用不同的粉色搭配打造一个粉色少女风的直播间。例如，主播可以使用饱和度较低的橡皮粉搭配浅驼色的木制家具营造一种温柔风格；使用偏橘的蜜桃粉搭配乳白色家具营造充满元气的少女风格；使用偏深调的粉色搭配浆果色或者藏蓝色的装饰营造略显成熟的少女风等，如图 3-13 所示。需要注意的是，主播在用粉色装饰直播间时，最好不要使用饱和度太低的粉色，例如目前非常流行的莫兰迪粉，大面积使用会让整个直播间显得没有活力。

图 3-13 粉色少女风直播间

◆清新绿植风

清新绿植风会让直播间看起来清爽、干净，尤其是在炎热的夏天。主播想要打造绿植风的直播间，可以选择一些绿色的植物放在直播间，例如天堂鸟、龟背竹、琴叶榕等，搭配一些白色的架子、浅色亚麻抱枕、白色或者灰色系的地毯等，会让直播间看起来非常舒服。另外，主播还可以使用大理石风格的花盆栽种绿植，搭配一些风格清新的装饰画、黑色的落地台灯、黄铜风格的小摆件等，让整个画面看起来既清新，又有质感。在选择绿植时，主播要尽量选择一些小型的植物，因为直播间的空间有限，大型植物会占据太多空间，让画面看起来比例失调，影响观感，如图 3-14 所示。

图 3-14 清新绿植风直播间

◆炫酷闪耀风

如果主播选择在晚上直播，可以用一些小灯泡对直播间进行装饰，或者选择一些挂式背景布和灯串、落地的发光树灯等，晚上调暗灯光，打开这些装饰，就会呈现非常闪耀的风格。因为这种风格的装饰需要与灯光相结合，所以装饰物的选择要遵循低光亮、多光源的原则，让室内光线均匀分布，不要聚集在一起影响观感，如图 3-15 所示。

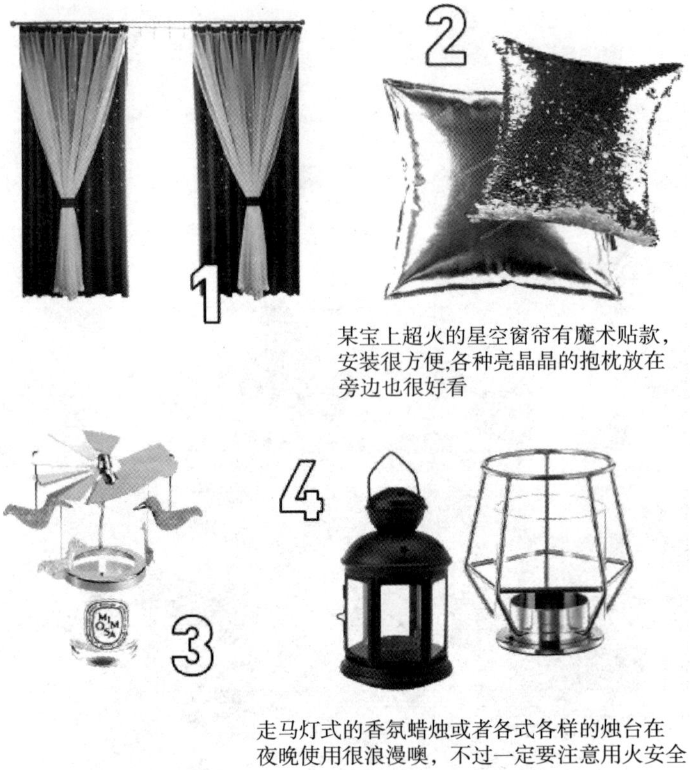

图 3-15　炫酷闪耀风直播间装饰

◆深色质感风

深色质感风备受男主播推崇，可以用砖块贴纸做背景，摆放一些具有工业风的装饰品，装饰品的颜色可以选择黑色、白色、深红、藏青等，这些颜色搭配在一起会产生撞色感，但又不会出现较大的跳跃。如果主播将直播间的背景设置为纯黑色，可以增加一些古铜色的装饰品或者手绘的装饰画等；如果直播间保留了原有的白墙为背景，可以搭配一些复古的装饰，让画面显得更高级，如图 3-16 所示。

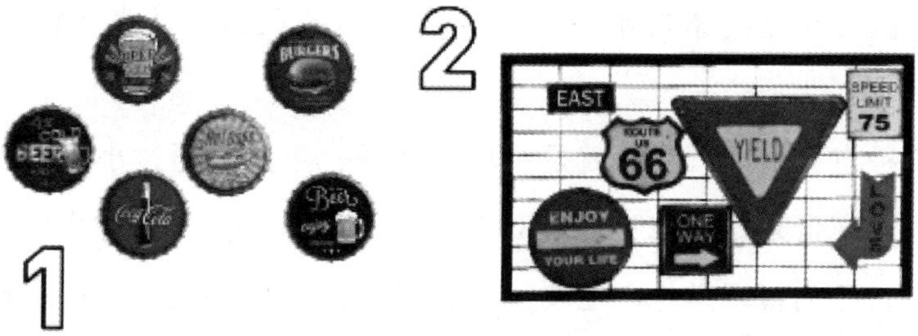

工业风的小挂件组合起来很有feel

墙面可选择美式复古的墙贴，
近两年超火的音响摆上立刻就有档次了

大型摆件的颜色一定不要过亮！稍微深一点的
红色/黄色/黑色比较合适

图 3-16　深色质感风直播间装饰

如果直播间采用了深色系风格，装饰千万不要使用荧光色。如果主播想在墙面粘贴一些带有装饰性的文字海报，一定要选择比较粗、比较方正的字体，因为字体线条过细，会破坏直播间的风格，让直播间显得非常小气。

从某种意义上说，直播就是一场表演秀，主播要通过小小的屏幕为粉丝及普通游客带来视觉与听觉的双重享受。所以，在直播过程中，主播不仅要注意自己的言行举止，还要注意直播间的整体环境，给用户留下一个良好的印象，获得用户关注。

3.3.3 直播间背景墙设计实用攻略

直播间背景墙指的是出现在镜头前的那面墙，因为镜头能够展现的空间有限，而背景墙在其中占了较大比例，所以背景墙的风格会在一定程度上影响直播间的风格。由此可见，直播间背景墙设计非常重要，设计时要注意以下几点。

◆装饰类型

（1）极简印象派。极简派更多偏向北欧风格，特意弱化了造型设计，强调以人为本的设计理念，表达了人们对慢生活、自然风的渴望。通常选择米色、白色等浅色系家具，再加入一点其他材质的装饰，例如金属饰品、绿色植物等进行适当点缀。这种风格的背景墙设计可以采用以下三种方式：

第一种：普通的白墙搭配石膏线，营造立体感。再加上原木色直播布景，舍弃繁杂的元素，简约又实用。这种简单的背景墙设计首先可以节约成本，其次可以将粉丝的注意力集中到主播身上，不会被背景分神干扰。

第二种：用原木铺满整面背景墙，装饰线造型大气自然，彰显出浓厚的后现代主义特色，注重流畅的线条设计，代表一种时尚、回归自然、崇尚原木韵味的生活态度。

第三种：使用大理石装饰直播间墙面，大理石独特的纹理造型本身就独具匠心，无须过多装饰就能体现出主播的不凡品位，特别适合名贵商品的直播带货，例如珠宝首饰类。

（2）艺术造型派。与极简派相对的是色彩更加丰富，样式更加张扬的艺术造型派，也就是常说的“花枝招展派”。顾名思义，艺术造型派追求艺术氛围，注重造型设计，装饰性元素较多，直播间设计更加复杂多样。

第一，墙体的色彩选择十分重要。配色大胆的墙体能够让粉丝眼前一亮，迅速记住该主播。不同类型的主播要选择不同的色彩搭配，例如用黄色、浅绿色、橘黄色烘托主播阳光开朗的性格特征，用浅色、暖色衬托主播的温柔气质等。

第二，装饰画使用是艺术造型派的一大特色。装饰画的合理运用不仅可以让普通墙体变得独一无二，而且极富艺术气息的装饰画可以让整个直播间变得高雅。

第三，灯饰是艺术造型派的一大法宝。明亮的灯光可以让主播显得神采奕奕，昏暗的灯光可以让主播更加楚楚动人，造型奇特的灯饰可以体现主播的鬼马精灵，富丽堂皇的灯饰可以衬托直播间的奢华高贵。

◆材质

第一，选择壁纸、壁布。多种多样的、色彩鲜艳的壁布与壁纸由于价格低廉，点缀效果好，方便更换，经常被用来装饰直播间的背景墙。对于想要缩减开支，遮挡墙体的直播间来说，选择壁纸或者壁布无疑是比大理石、原木等更好的选择。虽然壁纸与壁布有很多优点，但也存在一些缺点，例如缺乏立体感，不耐擦洗，容易老化，需要常常更换等。

第二，选择油漆、艺术喷涂也是非常常见的布置直播间背景墙的方式。运用不同的颜色形成鲜明的对比，让直播背景墙显得不再单调。这种布置方式成本较低，主播可以将背景墙设计成自己喜欢的颜色。需要注意的是，背景墙的色彩一定要与主播的直播风格相协调。长相可爱、性格柔和的主播可以选择暖色系，性格开朗大气的主播可以选择颜色更深的冷色调。

第三，选择合适的软包材料布置背景墙，例如棉布、皮革等，这些材料因质地轻柔、颜色丰富备受用户青睐。这样的装饰不仅能增强直播间背景墙的立体感，还能起到吸音、隔音的效果。

◆颜色

直播间背景墙的色彩不能过于丰富，以免让观众眼花缭乱，注意力分散，无法集中注意力观看直播。同时背景墙的颜色也不宜过于单调，忌讳大面积的深色，尤其是深蓝色和黑色，这种颜色过多会让用户产生压抑感，长时间观看会产生视觉疲劳。

如果主播将窗帘作为背景，要注意窗帘的颜色以及纹路，尽量选择浅色系、纯色系窗帘，窗帘上的花纹也要尽量简单干净。如果窗帘是格子纹或者长条纹，观众长时间观看容易产生压迫感和不适感，从而退出直播间。

如果主播在客厅或卧室直播，背景墙不宜装饰过度，要尽量选择浅色系墙体，例如白色、纯色，并且要尽量减少杂物堆积，营造出干净整洁的直播间氛围。

另外，主播的直播风格直接影响着直播间的场景布置。柔美可爱型主播多选择浅色、粉色、白色等暖色系背景墙，可以适当布置些可爱的玩偶或相框；知性成熟型主播可以尝试纯色背景墙，摆放一些典雅的家具及书籍作为装饰；气质奢华型主播可以考虑颜色鲜亮的背景墙，选择宫廷风格的家具进行装饰。

3.3.4 适合美化直播间的三类摆件

直播间摆放一些小摆件可以起到填充、美化的效果，具体来看，可以选择的摆件有以下三种。

◆玩具

在直播间，玩具可以凭借其外观吸引人的视线。质量不同的毛绒玩具给人带来的视觉效果是有差异的。由高水平设计师设计，使用高质量生产材料的毛绒玩具，它们的面部表情大多栩栩如生、形象传神，往往能带给观众极好的观感，获得观众的喜爱，如图 3-17 所示。

图 3-17 用玩具装饰直播间

◆乐器

在直播间中将乐器作为摆件可以提升主播品位，主播在使用乐器美化直播间时，可以使用以下几种乐器。

（1）风琴。风琴类的乐器不会像钢琴那样占用较大空间，而且可以添加一些有趣的小饰品，起到双重装饰的效果。

（2）吉他。文艺青年最喜欢的一种乐器，作为摆件可放置在各种位置，其外观优美，尤其适合搭配现代化风格的直播间。

（3）笛子。作为一种外观古朴的乐器，用来装饰直播间可以产生一种超乎寻常的表现力，为整个直播间增添独特气质，如图 3-18 所示。

图 3-18　用乐器装饰直播间

（4）小提琴。小提琴外观优美，给人的直观感受更加偏向优雅高冷，适合用来布置传统风格的直播间。如果将小提琴与稍显严肃的现代化风格相结合，也会给人眼前一亮的感觉，产生绝佳的视觉效果，从而营造出高雅清冷的气氛。

◆**花瓶**

（1）文艺风格透明花瓶。简约大气、清雅脱俗的透明花瓶可以为直播间增添一种高雅的艺术美。

（2）青瓷创意摆件。时尚个性小型手工花瓶，有创意而且简单朴素，可以让直播间呈现雅致的美感。

（3）西班牙风格简约玻璃花瓶。外在形态简约大气，做工精细，在直播间随意摆放就能提升整个空间的格调，如图 3-19 所示。

图 3-19　用花瓶装饰直播间

（4）手工创意粗陶器。手工创意粗陶器造型古朴、韵味十足，可以使直播间萦绕古典气息。

（5）复古做旧陶瓷花瓶。复古做旧陶瓷花瓶，瓶身外形流畅，素雅简单，与花束搭配可以产生明净、清新的感觉。

第4章

吸粉引流：主播如何快速攒人气

4.1 美化包装：设计光鲜亮丽的魅力形象

4.1.1 画底妆的基本操作步骤

化妆是主播的必备技能，可以帮助主播掩盖缺陷，提升自信。简单来说，化妆可以分为三个阶段，一是面部打底与修容，二是眼妆，三是唇妆。下面，我们先对面部打底进行详细阐述。

◆Step1：基础护肤

第一步：洁面。把手洗干净后用温水打湿面部，将洗面奶打出泡沫涂抹到脸上轻揉，然后用温水冲洗，轻轻擦拭面部。

第二步：化妆水。挑选适合自身肤质的化妆水，油性皮肤选择清爽型化妆水，如果肤质较干，则考虑滋润型化妆水。用手或者化妆棉蘸取适量化妆水，从下往上，由内向外地轻轻拍打面部，反复拍打，促进皮肤更好地吸收。

第三步：乳液。将乳液揉开，用五点上妆法均匀地将涂抹在面部，两颊、额头、下巴及鼻尖等区域要涂抹均匀，以防出现斑马纹，影响整体妆容。

◆Step2：涂抹粉底/BB 霜

第一步：涂抹粉底/BB 霜。采用五点上妆法在脸颊部分均匀点涂 BB 霜，然后用手指前两个关节，沿面部轮廓轻轻推开，保证涂抹均匀。涂抹均匀后，可以用中指轻轻擦拭不易察觉的区域，轻轻敲打容易脱妆的 T 形区、鼻翼两侧、眼唇四周等部位，让底妆更服帖。

第二步：擦拭多余粉底和 BB 霜。用干净的化妆棉或粉扑轻轻擦掉多余或者涂抹不均的粉底或 BB 霜，确保底妆清透、自然。

◆Step3：涂抹遮瑕膏

如果面部没有明显的黑眼圈或者雀斑，可以省去涂抹遮瑕膏的步骤。如果必须使用遮瑕膏，具体操作步骤如下。

（1）眼睛褶皱处的小黑眼圈。在这一部位涂抹遮瑕膏时，要注意遮瑕膏的用量不宜过多，水珠大小即可，轻轻点涂，然后用无名指的指尖涂抹晕开，不要过度用力，以免留下斑痕。

（2）眼睛下方的大黑眼圈。在黑眼圈较重、位置凹陷的区域，一般是眼睛下方骨头边缘位置，可以涂抹适量的遮瑕膏。首先用专用刷子轻轻晕开，然后用无名指的指尖从眼头向眼尾轻轻拍打促进遮瑕膏吸收，注意轻拍时既不要向四周扩散，也不要过度用力，以免晕得过开，起不到遮瑕效果，最后用干净的化妆棉擦拭溢出的遮瑕膏，做好收尾工作，让遮瑕膏与周围肌肤完美融合。

（3）痘痕和雀斑。第一步：挑选笔状遮瑕膏。对于小雀斑，笔状遮瑕膏是首选。一般来说初学者可以选用质地较硬的笔状遮瑕膏，操作起来更加简单。

第二步：涂抹遮瑕膏。涂抹适量的遮瑕膏后，用棉棒将涂好的遮瑕膏边缘晕开，切记不要晕得太开以免让遮瑕膏沾到不必要的地方。最后用无名指的指尖轻轻压住遮瑕膏，防止其脱落，弄花妆容。

◆Step4：涂抹定妆粉，也叫散粉或者蜜粉

先用粉扑均匀地蘸取适量散粉，然后按照 T 形区、鼻翼两侧、脸颊、眼唇四周的顺序，轻轻涂抹全脸。最后用较大的粉刷刷去多余或者不均的散粉，让面部妆容更加精致。

◆Step5：涂上腮红

一般从笑肌开始向斜上方轻扫，然后从外侧到内侧用同样的方式再涂一次，让红润感显得更自然。

4.1.2　画眼妆的基本操作步骤

众所周知，眼睛是通向心灵的窗口，一双水灵灵的大眼睛会为主播增色不少，所以画好眼妆很重要。画眼妆需要用到很多工具，简单介绍如下。

一是眉毛部分：眉笔、眉粉、眉刷、眉梳。

二是眼影部分：眼影盒、眼影棒、眼影刷。

三是眼线部分：眼线笔、眼线液、眼线膏、眼线粉。

四是睫毛部分：睫毛夹、睫毛底膏、睫毛膏。

五是各种刷子。

眼妆应该是整套妆容的重中之重，以下就是画好眼妆的注意事项。

◆画眉毛

在人的五官之中，眉毛占据至关重要的地位，眉形会影响一个人的整体气质。画眉毛的关键在于符合眉骨走势，然后根据脸形或者气质尝试做出一些调整。画眉的具体步骤：

第一步：把握眉形轮廓，使用眉笔确定眉头、眉峰、眉尾的位置，如图 4-1 所示。

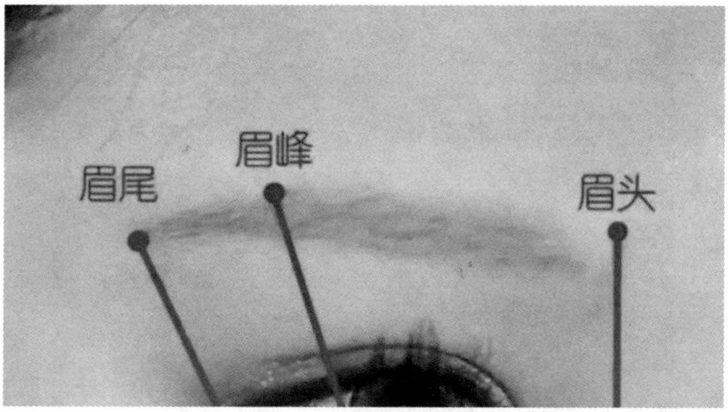

图 4-1 眉头、眉峰、眉尾定点图

第二步：上下对齐定点，画出眉框。

第三步：使用眉粉填充眉毛尾部的空隙，然后轻扫眉峰。

◆画眼影

眼妆部分最难画、最复杂的一环就是眼影，而在彩妆里颜色变化最丰富的也是眼影。不同的颜色搭配可以凸显主播不同的气质。较深的眼影可以让主播显得神秘妩媚，较浅颜色的眼影可以让主播显得活泼俏皮。

勾勒眼影的具体步骤如下：

第一步：眼影部分由浅到深分为三层，用阴影色眼影在 A 层眼窝涂抹打底，打底不能太厚也不能过宽。

第二步：使用第二种色系作为过渡色涂抹在 1/2 上眼皮 B 部位，将刚涂上的阴影晕染开。

第三步：使用浅色高光系眼影涂抹在最靠近睫毛的 C 部位。三种颜色的过渡要自然。

第四步：使用深色眼影勾勒出下眼睑的眼线轮廓，提高眼睛的立体感。

具体分区如图 4-2 所示。

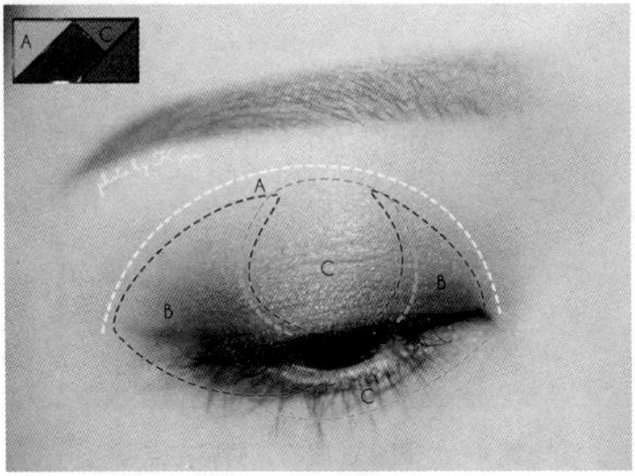

图 4-2　眼影分区

◆画眼线

画眼线是眼妆最关键的步骤，具体如图 4-3 所示：

第一步：画眼线之前，先把笔刷头磨圆。用类似握铅笔的姿势握住眼线笔，尽量靠近笔尖，以更好地控制线条。

第二步：在距离身体大约 20 厘米处放置一面合适的镜子，用无名指轻轻拉动上眼皮，同时眼睛向下看。

第三步：贴着睫毛根部从眼尾处画起，分段描画，每段距离约为 2 毫米，直至画到眼角处。

第四步：再用食指向鼻子方向拉扯眼角，从眼角处开始描画至眼尾，多次重复这两步，让画出的眼线更加纤细柔和。

第五步：为了进一步凸显眼角，无名指要先拉扯下眼皮，再紧贴睫毛根部从眼尾处开始画到眼头来描画下眼线。

第六步：也可以用眼线笔紧贴睫毛根部描画至眼角，让眼角出现渐渐消退的效果。

第七步：如果把眼线晕开，则要与描画眼线的方向相反，从眼角处画起，直至眼尾处。注意眼线要轻柔地晕开，不能用力过猛。

图 4-3　眼线的画法

◆画睫毛

画睫毛是眼妆的最后一步，具体步骤如下：

第一步：选择睫毛膏。睫毛膏的刷头不同会制造出不同的睫毛效果，例如，刷头较粗的睫毛膏适合睫毛稀疏但很长的女生使用，这种睫毛膏可以让睫毛看起来更加浓密；刷头纤细的睫毛膏适合睫毛浓密但较短的女生使用，可以让睫毛看起来更加纤长。

第二步：夹睫毛。如果睫毛下塌，夹好睫毛能够让睫毛延长到最大限度。同时夹睫毛能让睫毛上卷，缓解眼部浮肿的状况。夹完睫毛后不能立刻松开睫毛夹，需要弹一弹上下睫毛，让睫毛维持更长时间的卷翘感。

第三步：给睫毛打底。市场上的睫毛打底产品大多含有纤维，能够在短时间内拉长睫毛。同时，睫毛打底产品也能够延长睫毛膏的带妆时间，以防出现熊猫眼。睫毛打底产品多含有养护睫毛的成分，以呵护脆弱的睫毛。这里有一个小技巧，等到睫毛打底干透后再用睫毛夹轻轻夹一下，保持或者提高睫毛的卷翘感。

第四步：刷睫毛。首先蘸取适量的睫毛膏，用 Z 字形的方式由睫毛根部向上刷，重复几遍，直至睫毛变得浓密。睫毛根部要多刷几次，稳固基底，如同画上眼线一样，凸显双眼轮廓。一般来说，眼头部分的睫毛最稀疏，要一根一根地刷到浓密为止。然后选择小刷头在睫毛局部左右横刷，将睫毛膏刷满下睫毛，让眼睛显得更大，更有立体感。最后在睫毛彻底干透后拿出睫毛夹，轻轻夹住睫毛做完收尾工作。

第五步：检查眼部妆容。如果眼睛附近有多余的睫毛膏，可以用化妆棉蘸取适量乳液，轻轻旋转擦拭。

4.1.3 画唇妆的基本操作步骤

画好唇妆能够瞬间提升整个人的气质，如图 4-4 所示。

具体步骤如下：

step1：给嘴唇上底妆。首先涂抹润唇膏打底，然后涂抹唇部专用遮瑕膏，用来维持唇膏的上色时间。

step2：唇线勾画边缘。用唇线笔勾勒嘴唇轮廓，一般选择与所用唇膏颜色相近或者更深一点的唇线笔。嘴唇偏薄的人可以在嘴唇外沿画出唇线，如果嘴唇偏厚的人要在嘴唇内沿画出唇线。切记不可勾勒得过于生硬，以免显得气色不佳。

step3：唇色的选择。选择合适的唇色。如果选择颜色清淡的中性色唇膏，无须使用唇刷，直接用手指蘸取涂抹或者用唇膏直接涂抹上下嘴唇。如果选择与原有唇色对比较为强烈的唇膏，例如鲜红色、酒红色、玫红色等，则需要借助唇刷，使唇膏涂抹地更均匀，更精确。

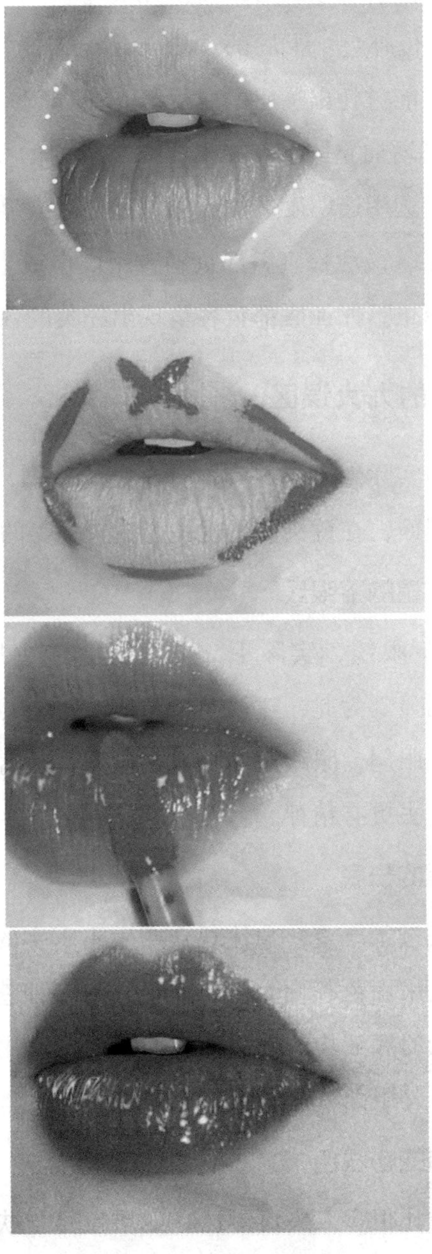

图 4–4　画唇妆的技巧

step4：抿嘴让唇色自然分布。涂抹唇膏难免会留下明显的化妆痕迹，为了让唇色更自然、一致，可以多抿几次嘴。

step5：“山”字位补色。上唇的“山”字位需要补色，只有这个位置的唇色丰盈透明，才能衬托出嘴唇的质感与光泽。

step6：涂上唇彩增加立体感。如果要提高嘴唇的立体感，可以在唇部中央涂上唇彩，尽量选用透明度高的唇彩，让整个人显得更有活力。

step7：唇部修正。最后检查唇部妆容，用面巾或干净的手帕将溢出的口红轻轻擦拭进行修正，保证唇部妆容呈现出完美的效果。

4.1.4 规避妆容的九大误区

镜头前的妆容与实际生活中的妆容有一定的区别，主播在化妆时一定要规避下面的九大误区，在镜头前呈现一个比较完美的形象。

◆误区一：画浓重的下眼线

很多主播会画下眼线，实际上，下眼线会让主播的眼睛看上去更小，让黑眼圈更加明显。为此，建议主播将眼妆的重点放在眼睑部位，在画眼线时，从眼角到眼尾，眼线逐渐加重，眼尾部位轻微上扬，以提拉整个眼部，让眼睛看上去更有精神。

◆误区二：厚重的粉底

如果主播的粉底过于厚重，会让观众产生不真实的感觉。而且，厚重的粉底会让主播看起来面色苍白、没有血色，有一种苍老感。所以，建议主播选择一款轻薄的粉底液均匀地涂抹在面部，然后用一块稍微湿润的海绵按压鼻翼、唇周、外眼角，让底妆看上去通透自然。

◆误区三：太白的粉底色

粉底色号的选择让很多人头疼不已，如果色号与肤色相差太远，会让底妆显得非常不自然，脸部与脖子的色差太大，影响整体妆容。所以，在选择粉底液时，主播最好选择与自己肤色相差不大的粉底液，稍微带点珠光效果的更好，可以让皮肤看上去自然有光泽。

◆误区四：化开的唇妆

随着年龄不断增长，人的唇线会变得模糊。如果主播随便涂抹口红，会让唇妆看起来非常不清晰。为了避免这一问题，最好在涂抹唇膏之前先勾画唇线，然后再描摹上色，让唇妆更完美、更持久。

◆误区五：人云亦云的唇膏

一些主播会跟风选择一些热门颜色的唇膏，例如带有金属感的唇膏、暗黑色系的唇膏等，但因为无法驾驭，反而贻笑大方。为避免这一问题，主播最好根据自己的气质选择适合的唇膏颜色，玫瑰色、豆沙色都是非常日常、百搭的颜色，而且永远不会出错。

◆误区六：含闪粉的化妆品

主播一定要慎用闪粉，因为闪粉很容易暴露脸部的缺陷，例如毛孔、皱纹等。如果主播非常喜欢使用含闪粉的眼影，最好将使用范围控制在眼角、眼窝、眉骨下方，切忌在外眼角使用。

◆误区七：在皱纹上涂散粉

如果主播的脸上有些许皱纹，不要在皱纹上刷散粉，因为散粉会让皮肤变得干燥，让皱纹更加明显。如果为了定妆一定要使用散粉，可以在上完散粉之后在皱纹明显的部位涂抹一些保湿面霜，让皱纹不是那么明显。

◆误区八：夸张的腮红

如果腮红的颜色过于夸张，会让整个妆容看起来非常奇怪。如果主播的脸型较瘦，使用酒红色或者肉桂色的腮红只会让主播看起来更瘦；如果主播脸型偏胖，这类颜色会让主播看起来像个小丑。所以，主播必须合理地使用腮红，将腮红打在颧骨最高处，远离鼻子，腮红刷以 45° 斜向上、向外的方向将腮红刷开。腮红颜色尽量选择中性的玫瑰色，让人看起来更年轻、更健康。

◆误区九：用厚重遮瑕膏遮盖黑眼圈

随着年龄增长，眼部下方的皮肤会越来越薄，要想遮盖黑眼圈，主播必须选择一款质地轻盈的遮瑕膏。在使用遮瑕膏遮盖黑眼圈时，最好配合遮瑕刷使用，不能直接用手将遮瑕膏涂抹到眼底。另外，在使用遮瑕膏遮盖黑眼圈时，只需在黑眼圈部位点涂即可，无须在眼睛下方全部涂抹。

4.2 自我修炼：人气主播必备的直播技能

4.2.1 直播必备的四项话术模板

某种程度上，直播可以看作一门语言艺术，一名主播的知识、技能、涵养、个性、品位等需要通过语言传递给观众。直播话术是主播与观众沟通的范本，主播必须掌握。下面分享一些常见的直播话术，为广大主播提供借鉴参考。

◆欢迎观众

在直播过程中，主播看到观众进入直播间时要及时说“欢迎××（观众直播间 ID），感谢您的支持”，对于一些不好读或者不和谐的 ID，主播可以读简称，例如一位 ID 是长字母的观众，主播可以表示：“欢迎这位××（取 3~5 个字母）观众，感谢您的支持。”

如果直播间同一时间进入很多新观众，主播可以表示：“欢迎新来的朋友们，非常抱歉，人有点多，不能读出你们每一个人的 ID，非常谢谢大家的支持。”同时，为了留住新观众，主播可以进行简单的自我介绍，并请这些新观众关注自己。例如：“新来的朋友们你们好，我是××（主播名），本直播间有很多新品/折扣商品等，直播时间为××，欢迎感兴趣的朋友点击关注！”

◆弹幕互动

弹幕互动是主播了解观众，拉近与观众距离，与观众建立信任关系的有效手段。在弹幕互动方面，主播可以采用以下几种话术技巧，如图 4–5 所示。

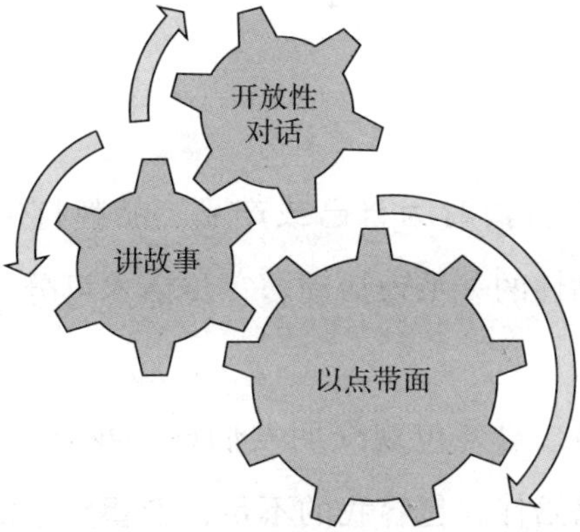

图 4–5　弹幕互动的话术技巧

第一，以点带面。以点带面的逻辑是，主播在与粉丝互动时根据有限的内容进行联想与想象，从多个话题切入与粉丝进行深入交流，引起粉丝的情感共鸣。例如：当某弹幕表示“我今天吃了火锅”时，主播可以展开联想——这位观众在什么店吃的火锅，点的什么锅底，怎么搭配的蘸料，吃的什么食材等，接着主播便可以回应该弹幕：“我也喜欢吃火锅呀，我喜欢吃××的火锅，底料我经常选××，搭配蘸料时我会……”

第二，讲故事。每个人都喜欢听故事，特别是那些由细节与场景支撑、情节跌宕起伏的故事。在弹幕互动的过程中，主播可以讲述一些故事吸引观众的注意力。例如，某弹幕询问主播怎么走没有路灯的夜路时，主播可以结合自己走夜路的故事做出回应，回答时要讲述一些细节，例如日期、时间、区域等，让故事显得更加真实。

第三，开放性对话。开放性对话的逻辑是当观众对某件事感兴趣时，主播可以先避开这件事，之后再回到这件事上时，观众就会产生更大的兴趣。例如，某弹幕问主播今天晚上吃的什么，如果主播照实回答，可能显得平淡无奇，而采用开放性对话时，可以大幅度提高观众的兴趣。主播可以这样回应：“别提了。”观众们会追问：“怎么了？”主播可表示：“太难吃了，你不会感兴趣的……”显然，这种开放式对话将极大地激发观众的好奇心。

◆宣传话术

宣传是指主播在直播时为自己或产品、品牌打广告，争取新用户关注，提高已有粉丝黏性的一系列活动。宣传话术可分为个人宣传、产品宣传和直播预告三类。

第一，个人宣传。“各位观众朋友们好，我是来自××的一名带货主播，感谢大家的一路陪伴，包容我的不足，希望大家能一直陪我成长，大家的支持是我前进的动力。”

第二，产品宣传。“这个品牌虽然知名度不高，因为老板没有投入太多钱做广告，但产品质量非常好，使用的是目前最先进的制作工艺，从面料到板型都不会让你失望……”

第三，直播预告。“非常感谢直播间的朋友们，我每天的直播时间是××，风雨无阻，没点击关注的朋友们记得点击关注，点击关注了的朋友记得每天来玩呀。”

◆下播话术

每一场直播都要有始有终，而且能够陪伴主播下播的观众都是“真爱粉”。因此，每次下播前，主播都应该做好下播工作，可以使用以下话术。

“今天的直播就要告一段落了，明天晚上××准时开播，大家不见不散呀。”

“感谢大家的支持，已经很晚了，大家早点休息，明天还有更多新款和福利款，大家不见不散！”

4.2.2 避免冷场的三种有效策略

很多新手主播因为没有经验，没有粉丝，很容易在直播的过程中冷场。而冷场很容易形成恶性循环，导致直播间气氛越来越差，粉丝逐渐流失，主播无话可说，逐渐失去信心。那么，主播如何在直播的过程中避免冷场呢？下面提出三个小建议，如图 4-6 所示。

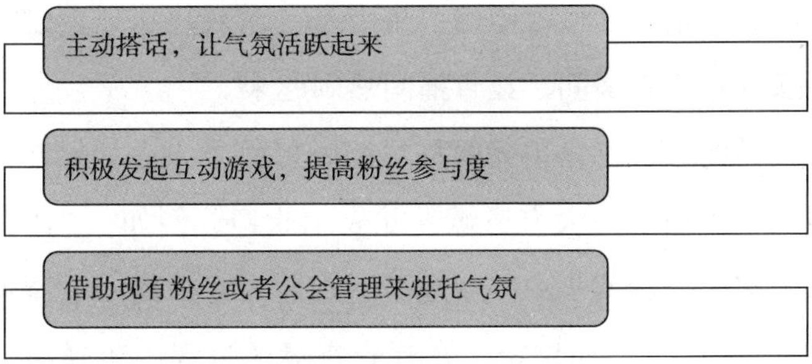

图 4-6 主播避免冷场的三种有效策略

◆主动搭话，让气氛活跃起来

在直播的过程中，主播可以主动跟游客搭话。如果刚开始不知道怎么搭话，可以用最简单的提问法，例如：“你吃饭了吗？”“最近在追什么电视剧？”“喜欢听什么歌？” 等。虽然这种搭话方式非常生硬，但可以打开话题，留住游客。

为了高质量地与游客搭话，主播可以在游客进来之后，随机查看游客的个人主页，看他们平时喜欢听什么、看什么、关注了哪些人，通过这种全方位的了解判断游客的性格、兴趣，然后搜寻相关话题与游客互动，拉近与游客的距离，增强游客对自己的好感。

另外，主播可以从个人经历切入，聊聊自己之前的工作，寻找一些与粉丝共同感兴趣的话题。如果直播间的女性粉丝比较多，可以聊聊美妆、综艺节目、美食、减肥、养生等话题；如果直播间的男性粉丝比较多，可以聊聊游戏、篮球、动画、汽车等话题。

新主播刚开播，直播间往往不会有太多人，在这种情况下，主播要学会克服尴尬，自说自话，让直播间的气氛活跃起来，吸引更多游客进入。

◆积极发起互动游戏，提高粉丝参与度

为了避免在直播过程中冷场，主播可以准备一个互动游戏，邀请粉丝参与，从而调动直播间的气氛。这个互动游戏可以非常简单，例如主播之间的连麦互动，主播与粉丝之间的公屏互动。游戏还可以制定一些奖惩措施，吸引更多人进入直播间，让直播间热闹起来。

在游戏互动的过程中，主播要尽量照顾好每个人。如果在同一时间有很多用户进入，主播要向大家道歉，并表示欢迎，例如，“不好意思，刚刚进来的人太多了，我就不一一欢迎了，欢迎大家来到××直播间，喜欢主播的点关注、点订阅!”如果粉丝在观看直播的过程中表现出一些不良情绪，主播要时刻关注、化解，不要让这种不良情绪蔓延，影响到其他粉丝。

◆借助现有粉丝或者公会管理来烘托气氛

在直播的过程中，主播可以利用身边的资源来调节直播间的气氛，例如真爱粉、公会等。

有些直播间会出现这种情况：新粉丝进入，不是为了和主播互动，而是为了和另外一名粉丝互动。这两位粉丝聊得热火朝天，主播反而无法参与进去。随着这两位粉丝在直播间活跃畅聊，会吸引越来越多的粉丝加入聊天，直播间的气氛也会慢慢活跃起来。

很多时候，主播也要学会迎合粉丝。例如，粉丝说他最近喜欢吃螺蛳粉，主播可以主动询问品牌，答应粉丝联系这家螺蛳粉的厂家，给大家用最低的折扣上一款螺蛳粉。这样的承诺会瞬间增强粉丝对主播的好感，当然主播必须遵守承诺，事后积极联系厂家，为粉丝寻找他喜欢的这款螺蛳粉，并想方设法拿到最低的折扣回馈粉丝，增强粉丝黏性。

虽然现在直播是一个风口，有很多主播借势崛起，但每一位成功的主播背后必定付出了巨大的努力。作为新人主播，必须要有这样的心理准备，在直播过程中遇到冷场一定要有自信，主动寻找话题，积极打破尴尬局面，用自己的热情带动粉丝，努力调节直播间的气氛，遇到无法解决的问题积极寻求帮助，尽快解决问题。

4.2.3 做好情绪管理的三个步骤

情绪发生时，自己是否意识到存在一个本质区别。有的时候，虽然自己没有意识到，但会努力压抑情绪，或者下意识地将不良情绪转移到其他地方。在这种情况下，人的言行举止中会不自觉地附带情绪，将不良情绪变相地表达出来，使得行为失去控制，给别人造成不良影响。

◆为什么要管理自己的情绪

首先，情绪没有好坏之分，只要是我们的真实感受，就要努力正视并接受它。接受情绪远胜于压抑、否定情绪，人只有接纳自己内心真实的感受，才能谈及有效地管理情绪。

其次，人人都有脾气。所有突如其来的脾气都是日积月累的委屈。但是在直播过程中，主播一旦发脾气，就会让粉丝忘记之前的所有优点，只记得做出的所有的失控行为。

◆如何训练自己的情绪自主能力

情绪多种多样，有些情绪人们可以意识到，但是更多的情绪人们难以察觉，是非常容易被忽视的无意识情绪。尽管“江山易改，本性难移”，但这并不意味着人无法有效管理自身的情绪。通过一定的训练，人可以掌握情绪自主能力，成为情绪的主人。做到这一点，只需以下三步，如图 4-7 所示。

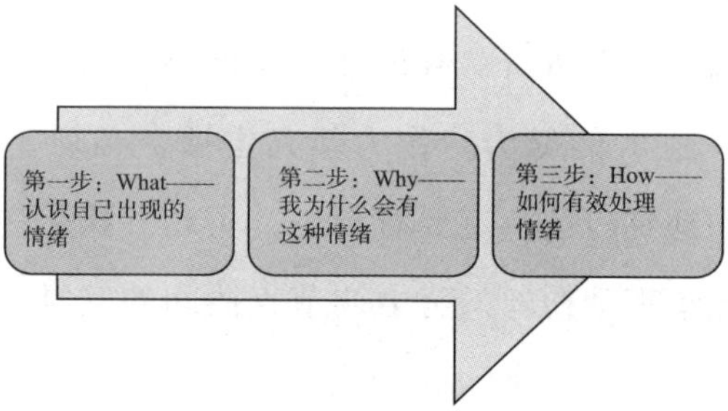

图 4-7 做好情绪管理的三个步骤

第一步：What——认识自己出现的情绪。日复一日地直播很容易让主播心生倦怠，超负荷的工作与粉丝的质疑辱骂会不断地增加主播的心理压力，导致主播经常忽略自己的真实感受，一味地压抑负面情绪，引发抑郁症等心理疾病。因此，情绪管理的第一步就是要先察觉自身的情绪，当主播意识到自己的情绪发生变化，才能有机会掌握情绪，为自己的情绪负责，不被情绪左右。

第二步：Why——我为什么会有这种情绪。“脾气发出去是本能，收回来是本事”。面对粉丝的质疑与责骂，主播要有源头意识，对问题寻根溯源，找出引发粉丝不满以及爆发冲突的原因，对症下药，更加积极地解决问题，化解彼此之间的冲突，预防更大矛盾的爆发。

第三步：How——如何有效处理情绪。处理不良情绪的方法有很多，最常用、最有效的方法主要有以下四种，如图 4-8 所示。

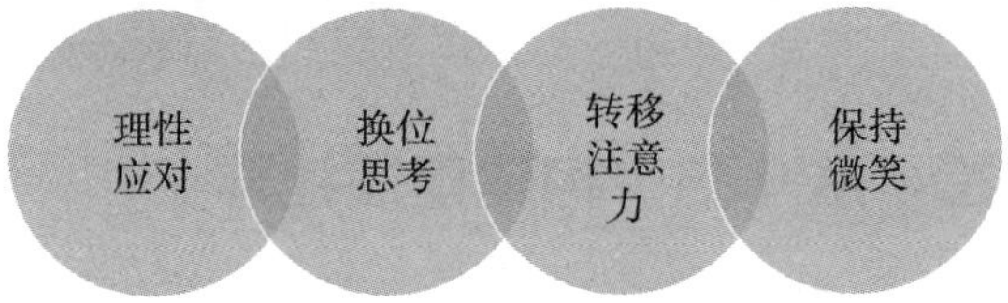

图 4-8　处理不良情绪的四种方法

（1）理性应对。心理学家认为，除非人们能改变自己的情绪，否则通常不会改变自身行为。如果在直播过程中发生问题，主播要快速恢复理智，正视问题，与对方理性沟通。面对极端观众的辱骂与质疑，主播要保持微笑，耐心解答，在直播间隙调整自身情绪，提醒自己不要冲动。如果无法劝服观众找回理智，主播可以采取合理合法的手段，例如强制粉丝离开直播间等。

（2）换位思考。即便遇到极端观众的侮辱性言论攻击，主播也不要放任脾气与之对骂，以免事态扩大化，造成不良后果。主播可以尝试换位思考，体谅对方的情绪，设想其是否在现实生活中遇到了问题，尝试安抚，这也是对主播情绪管理的一大考验。

（3）转移注意力。最简单有效的情绪管理方法就是转移注意力。当主播发觉自己情绪不佳时，可以将注意力转移到其他地方。例如，当主播看到攻击性语言发觉自己情绪波动时，可以选择无视，继续保持卖货热情，专心投入工作中，或者将直播间的讨论热点转移到其他话题上。

（4）保持微笑。人们都喜欢爱笑的主播。正所谓“伸手不打笑脸人”。发脾气只是一时的痛快，但会给彼此带来心灵伤害，还会威胁到主播自己的声誉，给粉丝留下不良印象。所以无论发生什么问题，主播都要尽量保持微笑，感化粉丝，消除危机。

4.3 粉丝运营：从 0 到 1 构建直播社群

4.3.1 用户画像：定位社群的目标用户

做主播就像做产品，想要有高人气，必须精准定位目标用户，否则即便直播内容再好，也达不到预期效果，更不用说积累足够的粉丝，为后续变现奠定基础了。

在分析主播如何定位目标用户之前，首先应该对直播用户有一个整体认识。艾瑞咨询发布的《中国泛娱乐直播白皮书》将直播用户分为六大类，如图 4-9 所示。

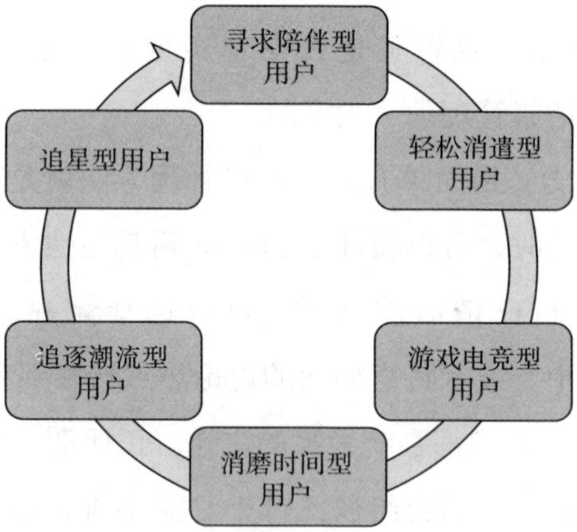

图 4-9 直播用户的六种类型

（1）寻求陪伴型用户。寻求陪伴型用户以中青年单身男性为主，在直播用户中占比约为 8.6%，付费意愿较高，愿意为喜欢的主播赠送礼物；在线时间较长，在线超过 1 小时的用户占比 70%。这类用户看直播的核心目的是在直播平台获得陪伴，容易成为主播的忠实粉丝。

（2）轻松消遣型用户。轻松消遣型用户是直播用户的主力军，在直播用户中占比 29.4%。这一用户群体将直播作为一种放松身心的手段，热衷于那些流量大、直播内容多元化的直播平台，与跟随主播相比，他们更愿意追随快乐。但由于感官疲劳，这一用户群体会不定期更换直播间。

（3）游戏电竞型用户。游戏电竞型用户更加专注直播内容也就是游戏，而不是主播，在直播用户中占比 18.6%。这一群体是游戏的重度用户，即便因为工作关系没有时间或精力玩游戏，他们也会关注各种游戏资讯。游戏用户付费能力较强，对游戏技能高超的主播有一定的崇拜心理，愿意为这类主播赠送礼物。当然，游戏技能不高的主播很难在该领域获得成功。

（4）消磨时间型用户。消磨时间型用户将直播作为一种消遣工具，看直播没有明确的目的与选择标准，只是为了消磨时光，以已婚中青年男性为主，在直播用户中占比 20.6%。这一用户群体的付费意愿、付费频率、在线时长等均低于其他类型的用户，但这类用户数量众多，是保持直播间人气的重要资源。

（5）追逐潮流型用户。追逐潮流型用户关注时尚潮流，以未婚青少年男性为主，在直播用户中占比为 8.5%，每日平均在线时长 1~2 小时，付费意愿较高，但付费金额较低，愿意在社交圈内为喜欢的主播做口碑推荐，是主播应该重点争取的用户之一。

（6）追星型用户。追星型用户以未婚青年女性为主，观看直播让她们有近距离接触明星主播的机会，在直播用户中占比 13.2%，容易成为主播的忠实粉丝。这类用户主要通过手机观看直播，会同时使用多个直播平台，追逐多个明星主播，在线时间较长。虽然这类用户的付费能力不高，但会积极为主播推广，活跃直播间氛围，也是主播应该重点争取的用户。

对直播用户有了整体认识后，主播应该如何定位自己的目标用户呢？在这个过程中，主播要明确以下三大问题。

第一，你的内容适合哪些观众？想要长期生存，必须要有过硬的内容创作能力，为此，主播需要在某个领域做专做精。不同领域的直播内容适合的观众存在一定的差异，例如：美妆类主播的观众主要是18~30岁的女性用户；手游类产品主播的观众主要是手游用户等。

第二，你的观众大概处于什么年龄段？不同年龄段的用户关注的直播内容有所不同。例如18岁以下的用户主要是学生，这个群体受到的压力相对较小，推崇娱乐至上，由于尚未工作，消费能力相对较低；31~35岁的用户收入稳定、消费能力强，但因为“上有老，下有小”，经济压力比较大，所以在观看直播的过程中希望和主播及其他观众有更多的情感交流。

第三，该年龄段的观众又有哪些爱好与习惯？了解观众平时喜欢做什么事情？怎么安排空余时间？使用哪些社交媒体？有什么消费习惯等。只有充分了解这些信息，主播才能投其所好，为其推荐所需内容。例如，了解到观众空余时间喜欢刷微博后，主播可以建立一个微博账号，通过抽奖活动引导观众关注，进一步提高粉丝黏性。

4.3.2 架构设计：社群的七大构成主体

社群是一个社会化组织，想要确保其有序、稳定运行，必须搭建一个科学合理的社群组织架构。一般来讲，一个优秀的社群组织架构一般由群主、群管理员、群成员、渠道、种子用户、合作者及付费用户构成，如图4-10所示。

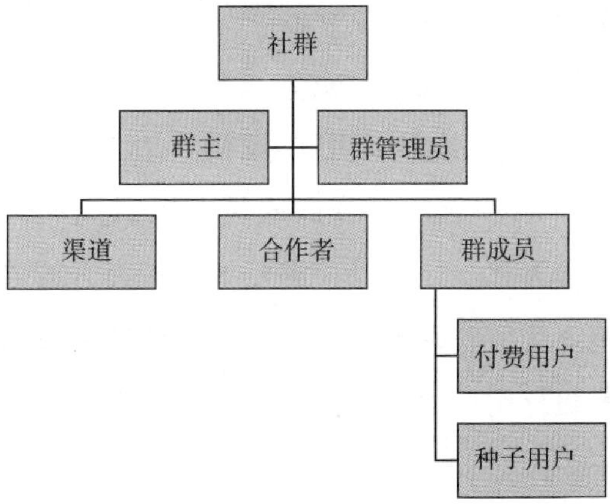

图 4-10　社群组织架构

（1）群主。群主是社群的创建者，因为观众是为了追随主播而加入社群，所以，社群的创建者最好由主播担任，这样可以提高观众加群的积极性。群主拥有社群的最高权限，可以设置社群管理员协助其管理社群，同时要对管理者的行为负责，当管理员出现不当行为，例如乱删内容、错封群成员时，要立即道歉，并采取有效措施进行处理。

（2）群管理员。主播的个人精力有限，除直播外，还要与直播平台、品牌商、公会等沟通交流，没有足够的时间与精力管理社群，所以，设置群管理员很有必要。

群管理员主要负责社群运营的各种具体事务，例如提高社群成员发言的积极性、删除广告、回答社群成员问题、发布群公告、组织社群活动等。群管理员要有耐心与责任心，要公平公正地处理社群成员之间的矛盾，要严格要求自己，严禁滥用职权。社群管理员一般由主播信任的人担任，可以是主播团队成员，也可以是主播的忠实粉丝。

（3）群成员。群成员是社群的普通用户，是社群生存的重要基础。如何让群成员保持活跃度，做出消费购买行为是社群运营的核心命题。在社群日常运营过程中，群管理员要尽可能地激发群成员的活力与创造力，鼓励他们积极沟通交流，分享各行业资讯等。

（4）渠道。此处的渠道是指负责为社群输入新鲜血液的运营者，其核心工作是为社群拉新，保持社群用户规模。用户是社群生存发展的基础，由于用户需求不断变化，部分群成员一段时间后可能成为“僵尸”粉。为了追求利益最大化，社群规模需要不断扩大，渠道就在社群中扮演了非常重要的角色。为了获取更多新用户，保证拉新效果，渠道要有较强的洞察能力，了解目标用户的习惯，同时要不断学习进步，快速熟悉社交媒体的用法等。

（5）种子用户。种子用户是社群的第一批忠实用户，他们了解主播、认同主播、信任主播，会积极地在社群内互动交流，帮助群管理员推广社群，参加社群发起的各种线上线下活动，是社群渡过初级发展阶段的重要推力。

（6）合作者。合作共赢是时代的主旋律，想要将社群做大仅凭主播及团队的力量是远远不够的，还应该有品牌商、供应商、物流商等合作伙伴的支持。这些合作伙伴加入社群后，他们可以更深入地了解社群成员的需求，为社群成员提供能够令其满意的产品与服务，增强社群成员对自己的认可，同时可以为社群吸引更多新成员实现合作共赢。

（7）付费用户。付费用户是指购买主播推荐产品的消费者。根据二八法则，20%的客户完成了 80%的营业额或利润。因此，付费用户数量虽少，但其创造的价值却很高。这提醒社群运营人员在运营社群的过程中，必须做好付费用户的维护，站在他们的角度思考问题，使其获得良好的社群体验，提高客单件和复购率，将其转化为终身用户。

4.3.3 规范运营：设置社群门槛与规则

社群想要实现规范化运营，必须设置一定的门槛选拔优秀的社群成员，并制定一个系统的社群规则，规范社群成员的行为。

◆社群门槛

从社群运营角度上看，在一定范围内，一个社群的进入门槛越高，社群成员的流失率越低。那些没有门槛的社群，虽然社群成员数量很多，但大部分社群成员根本无法为社群创造价值，甚至会发布广告、肆意谩骂他人，导致优质社群成员流失，引发“劣币驱良币”效应，对社群的发展非常不利。

不设置社群门槛不合适，将社群门槛设置得太高也不合适，那么，社群管理者如何把握设置社群门槛的度呢？社群门槛设置最关键的一点是明确社群真正需要的人，然后根据这些人的特征来设置社群门槛，将不符合这些特征的人挡在社群之外。对于直播社群来说，常用的社群门槛设置方法有以下四种，如表 4-1 所示。

表 4-1　社群设置门槛的四种方法

设置门槛的方法	具体做法
特殊邀请制	主播在直播间内挑选合适的社群成员，由群主或管理员向其发出入群邀请
付费入群制	缴纳一定费用才能入群，当然，这个费用不是为了盈利（很多主播的 QQ 群付费金额仅为 1 元），而是让那些没有诚意的人放弃加群
身份等级制	直播间粉丝等级达到一定级别的用户才能加群等
达成条件制	在直播间内有过购买行为的用户才能加群等

◆社群规则

正所谓“没有规矩，不成方圆”，有了社群门槛之后，还应该设置社群规则。社群规则的建立不是一蹴而就的，需要经过长期探索。在社群发展初期，群主或管理员可以设置基本的社群规则，然后根据社群运营的具体情况对社群规则进行完善。建立社群规则时应该给普通社群成员发言并决策的权利，经过大家的共同讨论对具体条款达成一致后再公布，这样设置的社群规则才能得到社群成员的普遍认可。如果社群规则太过偏向社群管理人员，社群成员根本不愿意遵守，在执行过程中就会导致社群管理人员与社群成员之间出现各种矛盾与冲突，对社群的长期发展非常不利。此外，群主和群管理员也要严格遵守社群规则，为社群成员做个好榜样。一般来讲，社群规则通常包括以下几项内容，如图 4-11 所示。

（1）命名规则。为了便于社群成员沟通交流，彼此建立良好的信任关系，对社群成员的名称（群名片）进行规范非常重要。例如，要求社群成员按照主播粉丝昵称+两个汉字的形式命名等。

（2）发言频率。为了促进社群健康发展，要求社群成员必须一周内发言一次等。

（3）发言内容。社群成员应该发布与社群主题相关的、积极健康的内容，严禁发布广告及违规违法内容。

（4）惩罚规则。发布违规内容者将被禁言一天，造成恶劣后果者将被清退甚至追究法律责任。

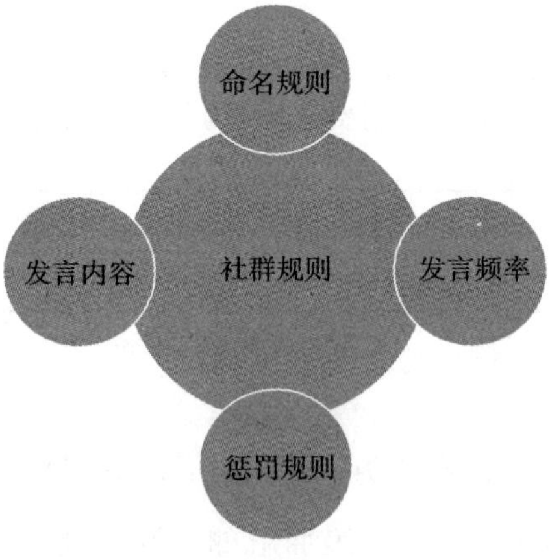

图 4-11　社群规则的四大内容

4.3.4 “冷启动”：培养社群种子用户

任何社群要实现从 0 到 1 的跨越，都会遇到一个问题，即培养社群种子用户，直播社群也不例外。在培养种子用户之前，直播社群运营者应该先找到社群种子用户。

◆寻找种子用户

通常情况下，运营人员可以通过以下三种方式寻找社群种子用户，如图 4-12 所示。

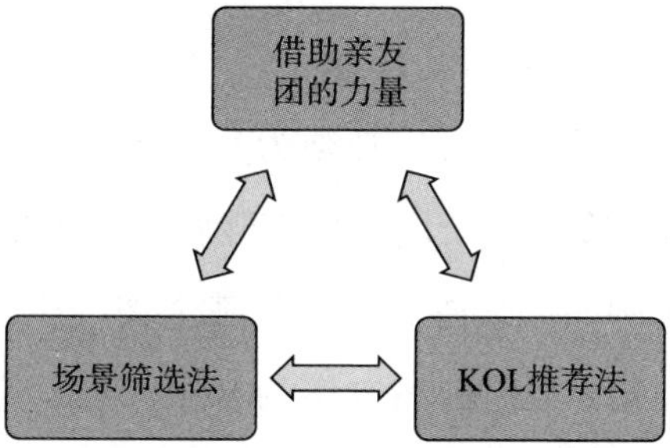

图 4-12　寻找种子用户的三种方式

（1）借助亲友团的力量。在启动阶段，社群找人特别是找合适的人是一件非常困难的事情。如果随意向陌生人发出加群邀请，一定会被拒绝。所以，社群寻找种子用户可以从身边的亲朋好友开始，借助亲友团的力量，先让社群形成一定的氛围，然后再慢慢寻找更多的人加入。

（2）KOL 推荐法。社群创建初期，运营者可以先加入一些运营比较成功的社群，一方面向社群运营人员学习经验；另一方面与社群 KOL 建立联系，积累人脉资源。从诸多社群运营案例来看，想要让社群快速发展壮大，KOL 的推荐非常有效。

很多社群在运营管理方面投入了大量资源，但成功者少有，就是因为社群中缺乏灵魂人物。主播可以担任这一角色，但如果主播也没什么人气，对社群目标用户的吸引力就相对较低。此时，运营人员可以寻求与KOL合作，邀请其推荐社群，借助KOL的力量渡过初始期。

（3）场景筛选法。场景筛选法是指在目标人群集中的线上或线下场景挑选合适的种子用户。对于直播社群来说，直播间是获得种子用户最简单、最有效的场景之一，那些每天观看直播并积极发言的观众就非常适合做种子用户。除直播间外，运营人员也可以去其他场景寻找种子用户，例如，游戏主播可以在游戏玩家中寻找种子用户；户外运动主播可以在运动俱乐部寻找种子用户等。

◆策划活动吸引加入

找到种子用户后，还要吸引其加入。除了有一定信任关系的亲友团外，想要邀请其他种子用户加入，必须为其提供一定的利益。那么，社群运营人员怎么策划活动吸引种子用户加入呢？此处提供两种思路：

（1）物质激励。例如，某游戏主播与某个淘宝店合作，加入社群的用户将进群截图发送给与其合作的淘宝店的客服人员，可获得店铺赠送的一张价值20元的店铺代金券。

（2）精神激励。例如，用户加入某电商主播的社群后，可以在其直播间担任管理员。这些在直播间内享有特权的用户将获得极大的满足感，其他用户也会在这种特权的吸引下加入社群。

◆深入互动增加黏性

吸引种子用户加入后，社群运营人员还要积极与用户互动交流，提高其黏性，将其留在社群。具体来说，社群运营人员可以通过以下两种方式增加种子用户对社群的黏性，如图4-13所示。

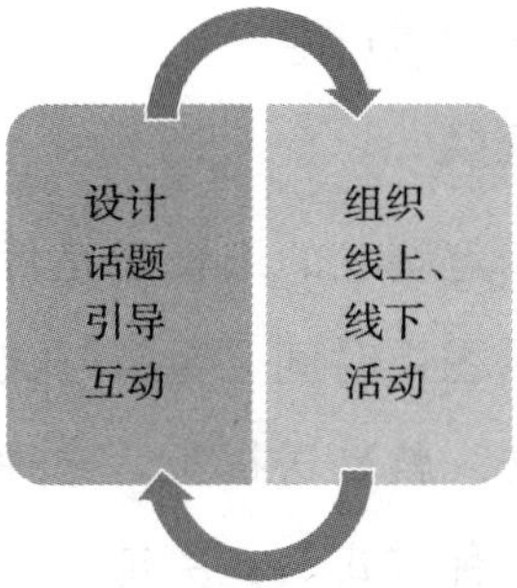

图 4-13　增强用户黏性的两种方式

（1）设计话题引导互动。通常情况下，社群成员自己发起的话题很难吸引其他社群成员广泛参与，因为他们发起话题时不会考虑社群成员的共性，而是习惯站在个人角度。如果任由社群成员自由讨论，很容易让社群沦为灌水闲聊，甚至广告满天飞的松散组织。

为了避免这种情况发生，社群运营人员应该多设计话题对社群成员进行引导，尽可能地寻找社群成员都可以参与讨论的话题，例如，游戏主播可以将话题设计为“你最习惯的键位设置是什么”等，吸引每一位社群成员积极地参与讨论，增强用户的参与感，提高社群的活跃度。

（2）组织线上、线下活动。组织社群成员参加线上、线下活动，不仅可以加强社群成员与主播及社群运营者的交流沟通，还能加强社群成员之间的交流沟通，从而提高社群成员的黏性。例如，社群运营人员可以组织线下聚会活动，以主播粉丝见面会的形式号召社群成员进行线下交流等。

4.3.5　裂变扩张：激发用户的口碑传播

在自媒体时代，主播要想扩大自己的影响力，社群运营必不可少。有些主播通过社群运营一天之内收获上万粉丝，月收入数十万元。在电商直播领域，这样的案例并不少见。那么，电商主播怎样才能玩转社群运营，让粉丝实现裂变，让自身的影响力快速提升呢？在回答这个问题之前，我们先来拆解一下裂变的逻辑。

◆裂变的逻辑：价值交换

对于电商主播来说，粉丝裂变的逻辑就是价值交换。主播为粉丝提供实实在在的福利，粉丝带给主播时间、金钱与流量。在电商直播领域，价值交换有一种最简单的方法，就是送福利。这种方法虽看似俗不可耐，却是粉丝裂变最简单有效的一种方式。在决定用这种方式吸引粉丝之后，直播团队要考虑两个问题，一是送什么，二是怎么送。

（1）送什么？送的东西如果价值较低、诱导性不强，就会导致粉丝裂变困难重重；送的东西如果价值过高，诱导性过强，虽然有利于粉丝裂变，但会导致成本过高，后续变现门槛过高。为此，直播团队最好选择与自身产品相关的礼品，礼品价值必须低于售卖产品的价值，否则很有可能影响顾客购买产品的积极性。

（2）怎么送？送的方式非常重要，有可能帮直播团队收回成本，完成后续的变现。

例如，某教育机构通过直播销售课程，“原价 3000 元的课程，现在分享到朋友圈就能 99 元入手，仅限前 200 名，先到先得”。活动一上线，课程就被抢购一空。因为仅限前 200 名，饥饿营销让用户产生了紧迫感，再加上价格不贵，刺激很多用户立即做出购买决策。

再例如，某服装类主播为了吸引粉丝推出一个为期 7 天的活动，原价 29.9 元的化妆包，只要点击关注成为粉丝，再扫码加入微信群就能 9.9 元入手。9.9 元包邮相当于白送，对于消费者来说这个活动非常划算。对于主播来说，因为有商家支持，所以这场活动的成本也不高。最终，仅凭这一项活动，该主播就收获了上万名粉丝。

这两个案例告诉我们，为用户送福利不能白送，必须设置一定的门槛，让用户付出一定的成本，只有这样用户才会更积极地参与，也会更珍惜收到的礼品。

◆如何实现裂变传播

粉丝裂变要采取合适的方法才能达到预期效果，如图 4–14 所示。

（1）确定首要目标，做好用户定位。电商主播的粉丝运营首先要确定首要目标：是引流为主还是变现为主？如果是引流为主，那么吸引的粉丝是否精准，成立的社群是否是垃圾社群都不重要，只要吸引到足够的流量就算大功告成。如果是变现为主，就必须精准定位目标用户，让用户了解社群价值，满足他们的期望与需求，引导他们做出购买行为，进而完成变现。

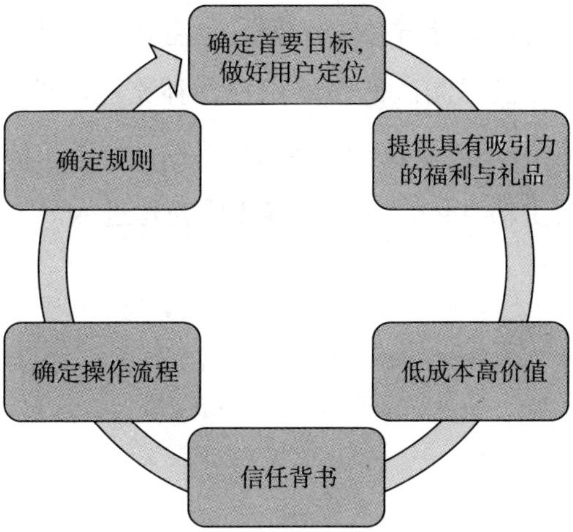

图 4–14　粉丝裂变的六大方法

（2）提供具有吸引力的福利与礼品。做好用户定位之后，提供的福利与礼品要让用户感受到实实在在的价值，只有这样他们才会呼朋引伴，吸引更多用户关注主播，加入社群。

（3）低成本高价值。低成本指的是用户获取成本低，也就是无须投入太多金钱与时间就能获得粉丝。高价值就是明码标价，让粉丝产生物超所值的感觉。

（4）信任背书。如果主播自身没有太强的影响力，就要想方设法获取粉丝信任。

（5）确定操作流程。粉丝参与活动、关注主播、加入社群的整个流程无须太复杂，因为这关系着后续的执行、裂变与变现。

（6）确定规则。“没有规矩，不成方圆”，电商主播的社群运营必须建立一套完善的规则，有序运营、持续裂变。社群运营规则的建立可参考以下两个维度：

第一，门槛。社群运营必须设置一定的门槛，用来筛选用户，让用户价值得以充分发挥。

第二，群规。为保证社群持续运营，主播必须设置一些规范，严禁群成员发布违规内容，及时淘汰低质量用户，补充优质的新鲜血液，维护社群良好的环境，进一步增强社群成员的黏性，提升社群成员对自己的信任，引导社群成员主动宣传，吸引更多优质粉丝进入。

第5章

IP打造：自媒体时代的超级掘金术

5.1 立人设：主播 IP 的六种角色原型

在这个文化自强的时代，集情感属性与文化属性于一体的 IP 在主播人设打造方面发挥着至关重要的作用。不仅如此，IP 还是未来全感官化立体品牌的重要基因，是内容营销的关键要素。所以电商主播想要扩大自己的影响力，提高自己的带货能力，就必须做好 IP 开发与塑造。在用户眼中，主播 IP 代表了主播的个人形象，形象塑造的好坏直接决定了其营销能力与口碑建设。很多电商主播都希望塑造一个人见人爱的形象来吸引粉丝，提高自己的带货能力，这一想法显然不太现实。即便这一想法能够成真，也代表主播有 IP 但是无定位，没有做好市场细分，没有聚焦目标用户群体，与营销的基本逻辑相悖。

那么，电商主播应该怎么解决 IP 角色没有魅力这一问题呢？电商主播必须为自己设计一个既有普适内涵又有独特个性的 IP 形象，如果不能两者兼顾，最好体现自己的独特个性。其实，电商主播 IP 只要能够引发用户共情，完成口碑塑造与营销任务即可。

为了让主播 IP 形象设计兼具独特个性与普适内涵，必须做到以下两点：

第一，结合主播特性来设计主播的 IP 形象。

第二，从原型化角色中寻找灵感来设计主播 IP。

简单来说就是让 IP 形象成为一个有灵魂的角色，要想做到这一点，就必须引入角色原型。

原型是人类共有的人格模式，是所有文化中不断重复出现的角色与能量。从总体来看，原型化角色大致可以分为以下六种：英雄、导师、边界护卫、信使、伙伴与小丑。目前，大部分电商主播 IP 都取自这六种角色原型，具体分析如下。

5.1.1 原型一：产生情绪共振的英雄

能够与消费者共情的英雄，这种 IP 形象比较适合与消费者自我特质高度一致的电商主播。因为通过这种英雄式的 IP 角色，消费者能够看到自己渴求的品质，例如被爱、被理解、获得成功、获得自由、彰显个性、实现自我表达等。消费者可以借此获得自我认同，进而将自己投射到相应的角色中。

英雄有很多种，有像尊尼获加一样千百年来坚持前进的英雄，也有像江小白一样努力生活的平民英雄。对于消费者来说，英雄的形象不用太完美，可以带有一些小瑕疵、小缺陷。这就给电商主播英雄式 IP 形象的塑造提供了一条发展路线，这种小缺陷可以让 IP 形象的塑造更真实，为 IP 角色的成长提供一定的空间，为 IP 故事的编写与塑造奠定良好的基础。

在电影、小说等艺术作品中，英雄都是主角。但在电商直播场景中，在主播与观众的关系中，观众才是主角。所以，电商主播英雄式 IP 形象的塑造不要喧宾夺主，最好的方式是做好配角，帮助主角——消费者完成任务。

晓朴是一名赴美留学生，为了勤工俭学，她开始尝试代购，并成了一名代购主播。一天，晓朴接到一个订单，一名顾客求购某品牌某色号的口红。因为这款口红自上架以来一度脱销，官方旗舰店断货已久，这位顾客不太相信其他代购，希望晓朴能“带”她去美国的品牌专柜“亲自”挑选。

晓朴与这个顾客商定了时间，并决定借此举办一个品牌专场活动，向粉丝发布了活动预告，征集粉丝需求，拟定了活动流程。之后，晓朴前往商场与负责人协商，征得负责人同意之后将直播镜头带进了该品牌在某商场的专柜，不仅帮这位顾客买到了心仪的口红，还解决了其他顾客的很多问题。

在这场直播中，晓朴成功地扮演了一个英雄式的角色，将粉丝的需求告知品牌销售人员，帮粉丝挑选产品，与销售人员讨价还价，帮粉丝争取更多福利等。通过这场直播，晓朴的粉丝数量实现了大规模增长。

其实，很多主播在塑造自己的 IP 时都非常适合以配角的身份出现，借此拉近与消费者的距离，增强粉丝黏性，塑造良好的口碑，实现成功营销。

5.1.2 原型二：指引人生前进的导师

在现实生活中，导师型 IP 往往来自企业领导者的 IP 化，例如乔布斯、马斯克、布兰森等。但在电商直播领域，导师型 IP 其实就是消费者的指引者，帮助消费者做出正确消费决策的人，其角色功能包括传授、训练、启蒙、激励、引导、启发、赠送礼物等。

例如，在日常生活中，人们在选购非必需品时往往会陷入两难境地。一方面，这些带有娱乐性质的非必需品可以带来快乐，消费者有非常强烈的购买意愿；另一方面，消费者可以支配的财物有限，总是希望将有限的收入花费在功能性较强的必需品上。面对这种情况，消费者该如何抉择？

再例如，目前，市场上的同类产品数量极多，消费者想买到性价比较高的产品不再是货比三家那么简单。面对海量同质化的产品，消费者该如何选择呢？

一些电商主播从该角度切入，利用自己在某个领域的专业性成为消费者的引导者。例如，美妆领域的李佳琦，在某品牌的美妆专柜做销售员积累了很多美妆方面的专业知识，在转型成为淘宝主播之后，利用自己积累的专业知识帮粉丝挑选美妆产品，帮粉丝解决美妆、护肤等方面的诸多问题，获得了大批粉丝的拥护与追随，成为众所周知的“口红一哥”。

再例如，珠宝玉石领域的主播扬子。在我国，玉石行业向来是一个价格高度不透明的行业，普通人买玉石全凭运气，但在接入直播之后，一些从事玉石生意多年的经营者转型成为主播，扬子就是其中之一。成为电商主播之后，扬子利用自己从业多年积累的知识与经验帮顾客选品、压价。因为经验丰富、性格开朗，扬子迅速积累了一批粉丝，每天穿梭于各大玉石市场帮粉丝选购产品，帮顾客规避消费陷阱。

在电商直播领域，导师型 IP 备受主播喜爱，因为可以引导消费意味着可以完成转化，实现流量变现。为此，很多主播都致力于将自己打造成“消费导师”。但需要注意的是，作为引导消费的导师需要具备一定的亲和力，甚至需要有一些小缺点，这样更容易拉近与消费者的距离，获得消费者的信任。

5.1.3 原型三：守护或考验你的护卫

护卫不一定是守护者，还有可能是考验者，主要功能就是考验主角，让主角解决某种问题或者通过某种测试。很多影片中都有边界护卫这一角色，主角走上冒险道路之后就会遇到边界护卫，有时他们是剧中的反派，有时是一些中性角色，有时又是检验主角技能与决心的辅助者。

在现实生活中，人们总会遇到一些问题，例如坏天气、他人对自己的偏见、工作压力等，这些问题就像边界护卫一样带给人们重重考验。从更深层的意义来看，边界护卫就是人们的“心魔”，对人们的成长进步产生着一定的制约作用。但同时，边界护卫也预示着新力量的诞生。

在日常生活中，边界护卫型角色随处可见，例如医生、教师等。一方面，他们对你提出考验，例如医生可能会检查你的身体健康情况，教师可能会检查你的学习情况。另一方面，他们又会帮你解决问题，医生会针对你的病症开出药方，教师会针对你的弱点进行辅导。其实在消费场景中，这种角色也非常常见。

例如，在消费场景中，主角想购买一款手机，然后护卫型IP主播为其提出了一系列问题，“这款手机的功能你全都了解吗?”“进行过测试吗?”“在使用过程中经常发生的问题有哪些你知道吗?”“价格你觉得可以接受吗?”“在同类型的手机中，这款手机的性价比是最高的吗?”等。这些问题可能会瞬间降低消费者的购买热情，让消费者恢复理智与冷静，然后通过搜索、咨询、观看主播测试来做出理智决策。

对于消费者来说，护卫型主播是能量源泉，可以激励其继续主角英雄之旅。其实，当一名主播被设计成护卫型IP之后，极有可能与消费者形成非常有趣的关系，一方面对消费者提出各种考验，另一方面又为消费者提供各种帮助。从消费者的角度来看，这种关系极具魅力，他们很有可能因此对主播产生高忠诚、强信任。

5.1.4 原型四：引导做出行动的信使

在神话传说中，信使是一个非常重要的角色，他的主要功能就是传递信息，通知主角行动，例如希腊神话中的信使神赫尔墨斯，中国传统神话中的信使青鸟等。

虽然进入互联网时代之后，人们获取信息的渠道越来越多，信息不对称现象已经有所缓解，但也因为信息大爆炸，人们很难从海量信息中识别出有价值的信息，尤其是在消费领域。例如，在“双 11”期间，淘宝网站推出满减活动，再加上个别店铺的预定立减，整套算法堪比一套复杂的数学题，让消费者头昏脑涨。在这种情况下，消费者迫切需要一位能够引导行动的信使，为他们传递最有价值的信息，帮他们做出购买决策。

有些淘宝主播就致力于此，通过向消费者提供有价值的信息获得大批消费者的青睐。例如，淘宝主播薇娅，在 2019 年“双 11”期间，提前一个月在直播间发布了“必抢好物清单”，然后从 11 月 1 日开始每天都在直播间发起抢购活动。作为“全球好物推荐官”，薇娅的 IP 人设就是典型的引导行动的信使。

因为可以直接促成交易，所以这类主播备受平台与品牌商青睐。也因为这个原因，很多刚入门的电商主播都向着这个方向努力，希望切中消费者最核心的需求，给消费者提供他们最需要的信息，引导消费者做出购买行为。

其实，一个成功的信使型 IP 主播一定能够发现消费者内心深处的欲望与动机，他们要做的只是提前发出通知，告诉消费者立即发起行动、做出改变。所以，对于刚入门的电商主播来说，以信使型 IP 的角色进入消费者的生活，以一种全新的能量打破消费者之间的平衡，促使消费者做出改变，让消费者成为自己生活中的英雄，会获得大批消费者的拥护与追随。

5.1.5 原型五：忠诚亲密的温馨伙伴

伙伴型 IP 意味着要将主播打造成消费者的亲密伙伴。

作为一种社会性动物，人都需要伙伴分享自己的喜悦，陪伴自己度过艰难时刻，丰富自己的人生阅历，增加自己的人生厚度。一些典型的影视 IP 之所以备受欢迎，就是因为满足了人们对伙伴的心理需求，例如哆啦 A 梦、大白、胡巴、皮卡丘等。在影视作品中，他们都是主角身边最温暖、最有力量的小伙伴，他们的善良、温暖使屏幕前的观众深受感动，从而吸引了万千粉丝。

其实在消费领域，伙伴是最容易被消费者感知和接受的形象。过去，在线下购物时，人们总要结伴而行，一边逛街一边聊天，释放自己的苦闷情绪，并在看到一件心仪商品时让小伙伴提供意见。其实很多时候，人们逛街享受的并不是买到心仪好物的乐趣，而是与朋友畅聊的快感。

但在线上购物的过程中，消费者往往是孤单独行，很难与人交流讨论。在这种情况下，如果电商主播将自己设定为消费者的亲密伙伴，在消费者购物的过程中为其提供有价值的意见与建议，很容易被消费者接受与认可。

小 C 是一名服装主播，在直播的过程中不仅会向消费者展示店铺中的商品，还会用一件单品做多种风格的搭配，告诉粉丝什么样的气质适合什么样的风格，向粉丝传授一些搭配法则，例如中长款上衣搭配半身裙会显得文静，衬衫、牛仔裤搭配风衣可以凸显气场等。对于粉丝的留言提问，小 C 也会耐心解答，甚至会在直播结束时留出一部分时间来与粉丝聊天，向粉丝倾诉自己生活中的烦恼，开解那些在生活中遇到困难与麻烦的粉丝。久而久之，小 C 积累了一大批高忠诚度的粉丝，这些粉丝观看直播的目的不仅是购买服装，学习穿搭，而且还希望通过一个小小的对话框与小 C 聊天，就像与朋友交谈一样，倾诉自己的烦恼，分享自己的喜悦。

对于电商主播来说，忠诚亲密的温馨伙伴是一个比较讨喜的人设。但遗憾的是，受品牌人格化理念的影响，很多电商主播都希望做主角，不愿意成为粉丝的配角，导致主播形象设计是伙伴型，精神却是主角型，无法实现内在精神与外在形象的统一，伙伴型 IP 打造也就无法成功。

5.1.6 原型六：嬉笑卑微的催泪小丑

小丑主要源于恶作剧能量和求变欲望，其功能不只是为故事、影片增添喜剧效果，它还有很多心理功能。

第一，对膨胀的自我进行切割，将其分成小块。

第二，发现愚蠢与虚伪。

第三，利用恶作剧来提醒人们必须做出改变。

第四，通过揭示心理的荒诞来激发变革与转型。

在很多故事中，小丑都是揭露真相的一把利器，他们往往能在嬉笑怒骂中揭开现状，将真实情况血淋淋地展露在观众面前，让人们或自嘲或反省。例如，在探险类影片中，原本应该作为英雄人物的主角总会披上小丑的外衣，戴上小丑的面具来伪装自己，战胜敌人，达到目的。

在企业中，以小丑为 IP 并取得不错效果的当属麦当劳（见图 5-1）。麦当劳以小丑式的形象带给消费者无限欢乐，获得了很多孩子的喜爱。

图 5-1 麦当劳的小丑形象

对于电商主播来说，小丑式 IP 也是一个不错的人设方向。例如，有些美食主播本身有一点肥胖，就利用自己的这种外形特点做一些夸张的表情或肢体动作来取乐消费者，拉近与消费者的距离，获得消费者的好感与信任，让消费者相信这款产品真的美味，从而做出购买行动。

对于电商直播团队来说，在发现这么多可供选择的角色原型之后，在设计 IP 角色时就会放宽思路，不会再拘泥于“我们的 IP 角色做什么形象”这类比较狭隘的问题上，而是会根据主播的特性，从上述六种角色中找到最合适的一种，将其无限放大，塑造主播独有的魅力与营销能力。

原型的力量非常大，它不仅可以让目的与功能更突出，还能跨越文化隔阂，获得消费者深层次的心理认同。总而言之，直播团队可以利用角色原型塑造出既具有独特气质，又具有普遍象征意义的角色，让主播的 IP 形象直抵人心，更具真实感。

5.2 揭秘超级主播 IP 的四大核心属性

5.2.1 价值性：推动 IP 发展的强力引擎

在回答华为经营管理问题时，任正非表示：“华为所有的哲学就是以客户为中心，就是为客户创造价值。”为客户创造价值，是企业的生存之本，打造主播 IP 也是如此，不能为观众创造价值的主播根本无法长期生存，更不用说成为超级主播 IP。

纵观各大直播平台的头部主播，每个人都有独特的价值，或如冯提莫为观众带来快乐；或如高人气电竞女主播 Miss 为游戏爱好者提供实战攻略；或如淘宝第一女主播薇娅为消费者提供最实用的购物清单，帮消费者规避购物陷阱。

俗话说“物以稀为贵”，但如今，直播平台相继崛起，主播人数持续暴增。在竞争无比激烈的直播领域，每一位突出重围、崭露头角的主播都经过了重重考验，凭借自身魅力与价值获得受众认可。所以，要想成为一名超级主播 IP，首要任务就是塑造自身独有价值。

以妈妈帮《拜托了！达人》直播节目为例。妈妈帮发现，一个女性成为母亲之后，面对身份的骤然转变，她会遇到很多挑战，产生巨大的焦虑感。这种焦虑不仅来自外界，比如婆媳关系、夫妻关系、宝宝对个人世界的入侵等，还源于自我信心的不足以及个人价值的不被认可。为了帮年轻的妈妈们解决这一问题，妈妈帮邀请站内达人——最具人气的文艺才女“小爱妈”和颇具独到育儿见解的“小狮子麻麻 Kiko”担当主播，推出了专门帮助妈妈打造精致外表、提升自信的美妆穿搭直播课。

在直播课程中,“小爱妈”与“小狮子麻麻 Kiko”两位主播在团队的帮助下认真规划每一期节目的主题，将其发布在妈妈帮平台上。直播结束后，她们还会整理每期节目的重点内容，分享给因各种原因没能观看直播的妈妈们。无论是妈妈专属的美肤秘籍、尖货汇总，还是育儿妙招、生活感悟，都受到了妈妈们的热烈欢迎。在直播过程中,“小狮子麻麻 Kiko”还会结合自身经历回答粉丝提出的问题，据此进一步提升自我在站内的影响力。

借鉴这一做法，无论是亲子领域的主播，还是美妆、服装、金融、旅游等领域的主播，要想在所处领域崭露头角，就必须为用户提供有价值的直播内容，只有这样，才能为自身 IP 建设奠定良好的基础。想要打造优质内容，主播必须做到以下三点，如图 5-2 所示。

（1）做好内容规划。内容是价值的载体，主播想让受众感知其价值，必须做好内容规划，为受众提供优质内容。比如“小狮子麻麻 Kiko”在成为《拜托了！达人》主播之前，不断地在妈妈帮站内发布文章，如“小狮子断奶记……麻麻陪你来断奶”“0～6 月宝宝补什么?”“妈妈是最好的早教老师”等，用亲身经历向大家传授育儿知识，收获了上万粉丝，成为站内非常有名的育儿达人。

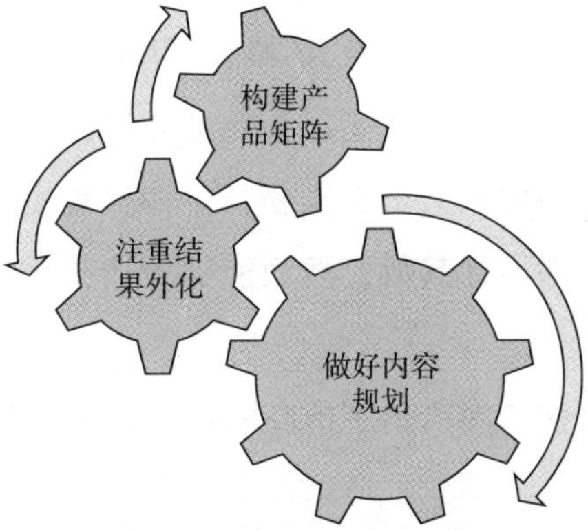

图5-2 打造优质内容的三大要点

其实，为受众提供有价值的内容并不难，因为价值是相对的。简单来说，有价值的内容就是主播知道但别人不知道的内容，比如“刚毕业的大学生月薪5000元如何理财”“过年拜见长辈如何打扮”“青海自助游如何制定行程”等。只要对用户有所帮助，就是为用户创造价值。

（2）注重结果外化。结果外化是指让结果以一种可以量化、可以看见的方式来呈现。因为“价值”是比较虚幻的事物，只有将其以肉眼可见的形式呈现才具有说服力。最简单的结果外化方式就是考试、测验，比如“产后妈妈瘦身攻略”，只有受众按照攻略执行体验，并瘦身成功，才能切实证明攻略的价值。也只有瘦身成功，受众才会信任主播，使得主播的影响力进一步提升。

（3）构建产品矩阵。主播要扩大自我影响力，成为头部IP，必须在有了一定积累之后构建产品矩阵，这是超级主播IP培养的必经之路。以育儿主播为例，在开发了育儿课程之后，主播课程可以向儿童读物、儿童教育等方向延伸，创建新的IP形象，与现有IP相结合形成IP矩阵，实现IP层级跃升。

5.2.2 差异性：打造个性化的人设定位

个性化的人设定位是超级主播 IP 赖以生存的重要基础。有了专属人设后，主播可以更好地发挥自身潜能，为观众创造独特价值，从而快速占领观众心智，在短时间内积累大量忠实粉丝。如美食主播李子柒，活跃在各类直播平台的美食主播不计其数，然而能够火遍全球的美食主播，却只有李子柒。

对于李子柒，央视新闻给出了极高的评论，如图 5-3 所示。

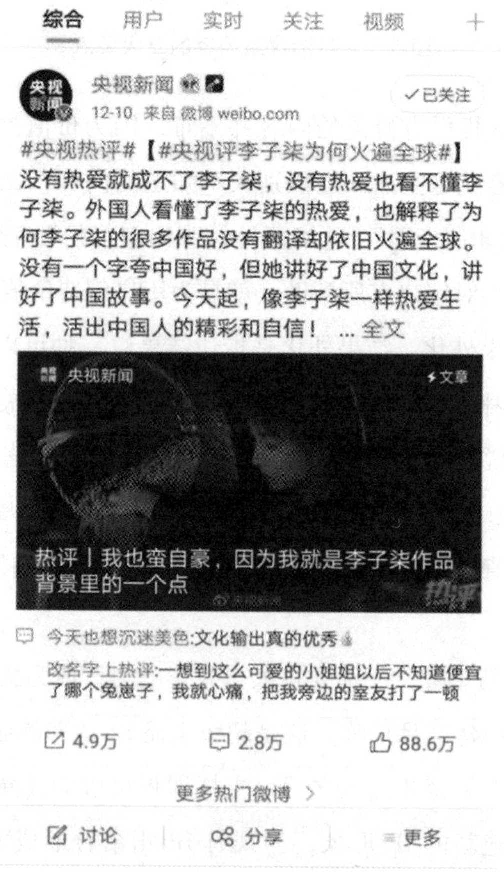

图 5-3 央视新闻评论李子柒

为什么会出现这种情况呢？绝大部分美食主播的直播内容局限于品尝及制作各种美食，其定位通常是美食达人、大胃王。诚然，中国美食千千万万，但千篇一律的模式与套路很容易让观众产生感官疲劳，部分主播为了与其他主播实现差异化，挑战极限辣度、饭量等，但其纪录很快便被后来者刷新，而且这一做法也不利于身体健康。

然而，李子柒在直播中，她不但品尝各种美食，还将制作美食的过程以及其中的美好展示给观众。可以说，李子柒的直播中，吃美食不是关键，关键是其向观众传递出的古风田园式生活态度与生活方式，其人设是东方美食生活家、田园生活艺术家。

李子柒的直播让观众们感受到了田园生活与美食的完美融合，没有华丽的语言、花哨的包装，只有其动手制作各种美食的过程。就如古风电影中展示的场景一般，在直播中，李子柒轻松娴熟地运用各种工具，制作螺蛳粉、水果干、水果罐头、辣酱、黄桃罐头等美食，甚至还包括刨坑种玉米、挑水浇地等田园生活场景，如图 5-4 所示。这种让人向往的田园生活，满足了无数长期生活在钢筋混凝土铸成的城市观众的向往。通过李子柒的直播，观众们可以想象自己远离喧嚣嬉闹的都市，聆听鸟叫虫鸣，感受婆娑的绿荫和泥土的芬芳，身体的每个毛孔仿佛都开始呼吸，身心得到极大放松。

在桃花盛开的阳春三月，李子柒会采桃花自酿桃花酒；在枇杷熟了的暮春四月，李子柒会酿制枇杷酒，会做七巧饼、苏氏鲜肉月饼等。其充满中国古典文化的优质直播内容，跨越了国界、民族、语言、文化，为李子柒在全球范围内积累了大量粉丝，使其成为当之无愧的超级主播 IP。

图 5-4 李子柒的田园生活

美食领域的主播非常之多，有的主播在厨房制作美食，有的主播在野外制作美食，还有的主播专做烧烤类美食等，怎样才能让自己区别于其他美食主播呢？李子柒提供了一个很好的思路，即通过个性化的人设定位快速抢占用户心智，这值得每一个主播 IP 及其团队学习借鉴。

5.2.3 故事性：好 IP 都是在讲走心故事

故事是提升产品附加值的最有力武器，每一个高价值产品背后都有一个动人的故事，比如，达·芬奇的《蒙娜丽莎》、梵高的《向日葵》、来自阿尔卑斯山的矿泉水——依云、来自哀牢山的冰糖橙——褚橙等。

2002 年，保外就医的褚时健赴哀牢山开启人生第二次创业之路。那一年，他 75 岁。2002—2017 年，本应颐养天年的褚时健坚持每月下地8~10天，严格管理果园。创业之初，冰糖橙的生产与销售遇到很多问题。为解决相关问题，褚时健一次又一次地改良橙子，还利用互联网做起电商，将哀牢山的冰糖橙销往全国各地。后来，在互联网的作用下，褚时健的创业故事得到了疯狂传播，网友将褚时健的创业精神投射到产品上，将哀牢山的冰糖橙称为褚橙、励志橙。随着褚时健的创业故事传播开来，即便褚橙的价格比同期冰糖橙售价高不少，也会一经上市便被抢购一空。

褚橙的故事充分证明了故事营销的魔力。品牌的创建离不开故事营销，主播 IP 的创建同样离不开故事的包装。例如，虎牙主播牛哥就用自身故事打动了万千观众，有了特有的标签——为流浪者而流浪的主播。

在直播界，牛哥显得非常“另类”。其直播的目的不是展示才华吸引粉丝，也不是销售产品完成变现，而是寻找流浪者，帮助流浪者回家。为了这一目标，牛哥每天直播 10 小时，四处寻找流浪者，垃圾桶旁、高架桥下、路边的墓地、偏僻的草丛……

找到流浪者之后，牛哥会为其送上水和食物，拿出粉丝熟悉的笔记本，将流浪者的姓名、家庭住址、家人姓名、电话等信息记录下来，然后请广大网友帮忙寻找家人，帮助流浪者回家。截至 2018 年 8 月，牛哥已经帮助 50 位流浪者回家。看到家人们相拥而泣，很多网友都大为动容。

其实，我国有很多致力寻亲的民间团体，这些组织有充裕的资金、成熟的渠道，但他们多寻找被拐骗儿童。牛哥与这些组织的不同之处在于，其寻找的流浪者大多患有精神疾病，所在的场所脏、乱、差，而且他帮助流浪者回家的方式耗费大量个人时间、精力与金钱，还经常被人误解、嘲讽。

即便困难重重，牛哥依然凭借坚忍的性格、博爱的情怀艰难地走过了三年，用实际行动证明自己不是作秀，不是伪善。在三年时间里，牛哥被国内几十家主流媒体采访报道，还获得共青团中央的两次点赞，被称为“直播的正确打开方式”，如图 5-5 所示。

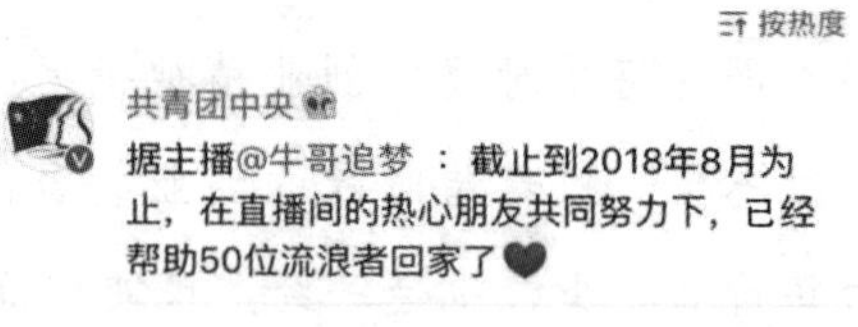

图 5-5　牛哥被共青团中央点赞

牛哥的故事给予大众一定启发，要想成为直播界的头部 IP，必须学会讲故事，但要讲好故事，还要掌握一定技巧。

第一，故事必须真实。主播讲述的故事必须真实，最好与自己相关，只有这样，才能不断提升自身影响力，也不用担心事情“败露”使自身形象受损。

第二，故事必须积极。主播要塑造正面形象，必须讲述积极向上的故事，比如帮助流浪者回家的故事、扶贫助农的故事等，都可以帮助主播获得受众认同。

第三，故事必须连贯。打造超级主播 IP 无法一蹴而就，牛哥也不可能因为帮助一名流浪者回家就获得共青团中央点赞。要成功塑造一个 IP 形象，主播必须坚持讲述同一类故事。

5.2.4　话题性：抢夺受众注意力的关键

制造话题也是超级主播 IP 需要具备的核心技能，因为有话题才有热度，才能获得大量关注。那么，主播及其团队应该如何制造话题呢？为保证话题制造效果，直播团队需要注意以下七点，如图 5-6 所示。

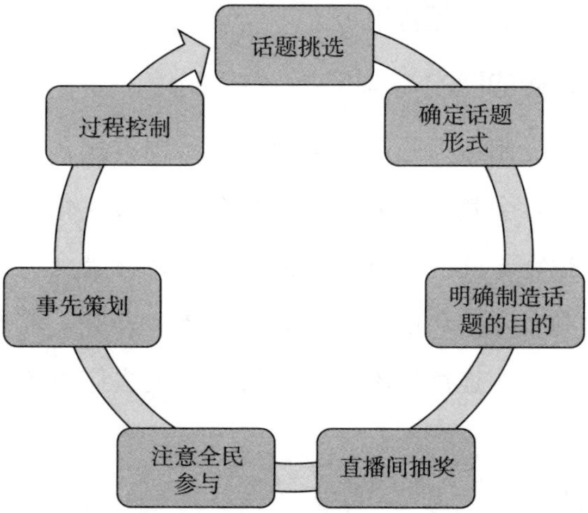

图 5-6　制造话题需注意的七大事项

◆话题挑选

任何行业都需要具备一定的新闻敏感度，可以敏锐地发现潜在热门话题，主播更应如此。话题热门，意味着其背后有大量粉丝关注。主播如果可以及时发现热门话题，就能借此与粉丝互动，将个人信息、品牌信息、产品信息等传播给粉丝，从而树立自身良好形象。长此以往，个人品牌会慢慢树立，个人知名度也会得以大幅提升。

◆确定话题形式

（1）主体发起的话题。主体发起的话题是指主播提前构思内容，利用直播间传播的话题。因为话题控制权在主播手中，要想让这类话题发挥出应有效果，主播必须合理选择，并缜密规划、准确引导。

（2）客体发起的话题。在电商直播领域，客体发起的话题通常指企业提供的产品或服务让顾客非常满意，顾客将满意度迁移到主播身上，形成面向主播的褒奖性话题。或者是受其他因素影响，顾客或利益相关者主动发起话题评价主播。比如，一些主播开通微博，监控粉丝、用户对自己的评价，及时做出反应，并与粉丝互动。在这一过程中，主播往往可以借粉丝之力制造话题，开展话题营销。

◆明确制造话题的目的

在商业活动中，制造话题是非常常见的营销方式，其最初目的就是引发广泛关注，制造社会效应，最终目的在于获得最大化的商业价值。主播制造话题的目的也在于此，通过制造话题引起目标受众关注，积累一定规模粉丝，从而提升个人知名度与影响力，打造个人 IP。需要注意的是，制造话题不是炒作，一味地炒作不仅会使得话题失去应有价值，还会引发受众反感，得不偿失。

◆直播间抽奖

主播仅凭借个人影响力很难留住大量粉丝，需要适时给粉丝一些福利，比如微博抽奖、直播间抽奖等。直播间抽奖不仅可以增强粉丝黏性，还可以提高直播间访问量，提升主播人气。很多电商主播在直播期间都会抽奖，首先，设置一个口令，可以是主播名字或者品牌名，没有太多限制；其次，引导粉丝发送口令；再次，倒数五个数截屏，报出粉丝昵称，恭喜粉丝中奖；最后，让粉丝联系客服领取奖品。主播要采用直播间抽奖方式增加人气，设置的奖品必须具有一定吸引力，否则很难吸引粉丝参与。

◆注意全民参与

主播制造话题时必须注意，话题必须具有全民参与性，如果只面向小众群体发布话题，宣传效果很难达到最佳。另外，为了获得更好的宣传效果，主播必须想方设法积累粉丝，吸引更多粉丝加入，与粉丝积极互动，保持粉丝黏性。

◆事先策划

在开展话题营销之前，主播要先构思、设计话题。首先，确定主题，然后再收集、设计各种辅助材料。主播设计话题时不仅要设计主话题，还要设计分话题，才能让受众获得持久的新鲜感，让话题具有强大的生命力。其次，各个话题要分阶段展开，主播提前设计好哪些资源在前期投入，哪些资源在后期投入，分别要达到什么效果。只有设计周全，才能让话题营销稳步推进。

◆过程控制

一场成功的话题营销不仅在于前提谋划，还在于过程控制。过程控制是指在开展话题营销过程中，主播要密切监控，根据营销态势调整营销策略。因为很多话题营销都是卷入式的，开展过程中可能会发生很多意外，主播要随机应变、因势利导，让话题营销发挥出应有价值，为个人 IP 打造提供助力。

总而言之，要成为超级主播 IP，除了颜值、才华、口才，还必须具备四大核心能力，即能够为用户创造价值；具备独特的人格魅力；会讲故事；会制造话题、开展话题营销。只有如此，主播才能持续不断地吸引粉丝，提升自我影响力。

5.3 内容力：一切超级主播 IP 的原点

5.3.1 回归本质：提供真正有价值的内容

电商主播要为粉丝提供有价值的内容，什么是有价值的内容？简单来说，有价值的内容就是指对粉丝有用的内容。内容的价值可以从六个层面解读，如图 5-7 所示。

有观点、有态度，让人获得有益启发的内容

有新意，带给观众新鲜的体验

有干货，带给观众营养与收获

有真相，带给观众真实与震撼

有利益，带给观众好处

有趣味，能够带给观众快乐

图 5-7 判断内容价值的六个层面

（1）有观点、有态度，让人获得有益启发的内容。网易新闻口号之一——做有态度的新闻。一直以来，新闻媒体的自我要求都是客观、公正，与“有态度”正好相反。网易新闻另辟蹊径，改变以往媒体的中立态度，每篇新闻必有争议。正是因为这一鲜明特色，网易新闻从众多新闻媒体中脱颖而出，获得了大量流量与关注。电商主播可借鉴此类做法，为用户提供有启发性的内容，比如启发用户开启全新的生活方式，断舍离，追求极简生活、品质生活等。

（2）有新意，带给观众新鲜的体验。进入移动互联网时代之后，各种社交媒体平台相继崛起，人们每天都会接触到各种信息。电商主播要想吸引用户关注，必须为其提供一些有新意的内容，比如销售绿植的主播，可以向用户演示如何配土、如何移栽、如何通过肉眼辨别植株的各种病症等，这些内容很难通过图文讲解清楚，对用户有着极强的吸引力；销售服装的主播可以向用户展示服装搭配技巧，如一件毛衣搭配裤子或裙子会呈现完全不同的风格，只有真人试穿，才能体现出不同风格，对爱美的女生有着较强的吸引力。为了持久吸引粉丝，电商主播必须坚持推陈出新，不断带给用户新体验，让用户对内容保持期待。

（3）有干货，带给观众营养与收获。干货就是没有水分的、对观众来说真正有价值的内容。一般而言，干货往往具备三大特点：第一，逻辑清晰，思路明朗；第二，知识理论值得反复思考；第三，能够对受众产生有益指导。电商主播的直播内容必须做到以上三点，让用户观看之后回味无穷，才能获得受众关注，将普通受众转化为粉丝。

（4）有真相，带给观众真实与震撼。解密、揭秘、解谜、曝光是真相类内容的基本方式。外界对某一事物的态度不明时，如果主播敢于深入现场，寻根究底，挖掘真相，总能获得观众青睐。比如，当前，蜂蜜市场乱象频生，假蜜层出不穷，为了让消费者买到真正好蜜，电商主播可以带领观众走进蜂场，观看蜜蜂的采蜜环境以及蜂场主打蜜、封装的全过程，让消费者了解蜂蜜，学会辨别假蜜。除蜂蜜外，电商主播还可以直播鱼虾捕捞、水果采摘等内容，减轻消费者对食品安全的担忧，同时让消费者了解这些食品的生产过程，增长见闻。

（5）有利益，带给观众好处。“天下熙熙，皆为利来”，消费者看电商直播的目的无非是买到称心如意且质优价廉的商品，如果主播能在直播过程中为观众发一些福利，就能很好地满足观众期待。直播福利有一妙用，即将普通观众转化为粉丝。比如，主播可以上线一款非常实惠的产品，要求普通游客点击关注成为粉丝，不是粉丝则不发货。如果产品的吸引力足够强大，就能为主播带来一大批粉丝。

（6）有趣味，能够带给观众快乐。随着生活节奏的加快，人们面临的生活压力、工作压力越来越大，很多人即便没有购物需求也会观看电商直播，希望放松精神，获得一时快乐。所以，电商主播可以在直播过程中添加一些趣味内容，给观众讲一些生活趣事，或者推出一些趣味产品，帮观众脱离紧绷状态。

5.3.2 发挥特长：做自己熟悉擅长的领域

股神巴菲特的投资原则之一：只投资自己熟悉的领域，只做自己最擅长的领域。这一原则不仅适合理财，同样适合直播。如何创作令观众满意的直播内容，是主播需要长期思考的问题。为此，很多主播会追随所谓的潮流，哪个领域热度高就做哪个领域，自身缺乏明确定位，留不住忠实观众。

在充满不确定性的移动互联网时代，潮流会快速变化，盲目追随潮流绝非明智之举。在最熟悉、最擅长的领域做到极致，是普通人为数不多的捷径。一个游戏主播直播唱歌、跳舞等内容会使观众感觉不伦不类，长此以往，观众将大量流失。

叶圣陶曾说过："我们平时开口说话，从极简单的吃过饭了、这本书很不错，到极其繁复的对于一件事情的评论、推测，无非是根据我们自己的经验。因为跟随自己的经验所以能说得头头是道，没有一句多余的废话，没有一句无聊话。如果超出自己的经验范围就是空口说白话。如果没有一点天文学知识，偏偏要讲星辰怎么运行……一定会说得牛头不对马嘴，徒然供人家作为嗤笑的资料，一个人如果有这种自知之明，是不会干这种蠢事的。他一定是知道自己有哪些经验，什么方面可以说，什么方面不配开口。"

因此，主播为追随潮流而直播那些不熟悉、不擅长的领域，和"空口说白话"并无本质区别，只会将自己的无知、短板暴露在观众面前，非常不利于直播生涯的发展。

那么，主播应该如何将最擅长、最熟悉的领域做到极致呢？在这方面，主播至少应该做到以下三点，如图 5-8 所示。

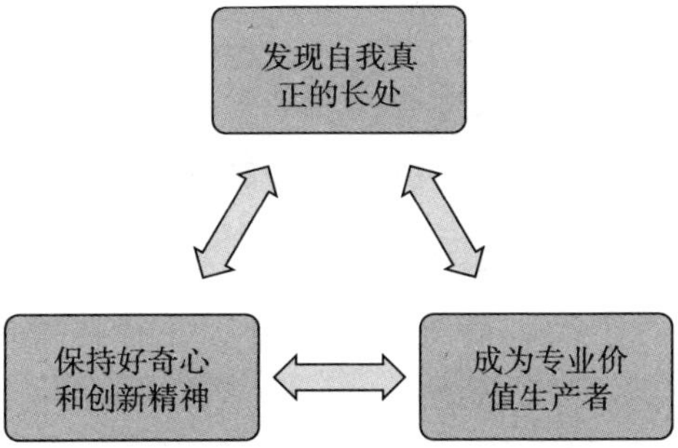

图 5-8　主播发挥特长的三大技巧

◆发现自我真正的长处

长处是指一个人在某一方面比较突出，例如画画、写字、唱歌、跳舞、写作、弹钢琴等，从哲学的角度来看，长处是一个人比其他人更容易从某一方面投机取巧的特殊技能，发挥长处，能够让一个人不断发展进步。很多时候，人的价值就是通过长处来衡量的，扬长不但能够避短、抑短、补短，还能强化人的能力，给人奋斗的信心与勇气。

如何发现自我长处呢？长处一般与人的兴趣爱好相关联，正所谓“兴趣是最好的老师”，对于那些感兴趣的东西，人们愿意付出更多时间与精力去学习钻研，经过长期积累，长处便由此形成。比如，一位主播喜欢钻研，对细节很有耐心，与他人协作相比，更习惯独立工作，那么，这些特征可能意味着他比较适合做一个 DIY 主播。有的主播沟通能力很强，与陌生人也能聊得火热，那么，该主播可能适合做户外主播。

每个人都有自身长处，找到并发挥自我长处非常关键。从入门者到人气主播往往需要漫长的成长过程，其间会遭受各种压力与挫折，而找到并发挥自我长处，能够给主播坚持的勇气与动力，十分有利于直播生涯发展。

◆成为专业价值生产者

找到并发挥自我长处可以为直播生涯发展打下良好根基，但要成为明星主播，更为关键的是利用自身专业能力帮助他人解决特定问题，并产生专业价值。

主播的专业能力需要解决哪些问题呢？对于直播间观众，主播需要提供他们感兴趣的内容、与他们交流互动、陪伴他们度过无聊时间等；对于直播平台，主播需要提高直播间观众数量，延长观众在线时长，刺激观众购买增值服务等；对于品牌商等合作伙伴，主播需要推动口碑与品牌建设，促进产品销售，提高单价等。

显然，解决这些问题绝非易事，其要求主播有针对性地设计直播内容。以某美食主播为例，该美食主播精通某地方菜系的食材及加工技巧，为帮助某线下餐馆吸引客源，需要将该线下餐馆的特色在直播内容中展示出来，比如在后厨与厨师共同加工菜品，借此展示该餐馆对食材及食物制作过程的严格把控，或者在试吃过程中邀请餐馆老板讲述创业故事等。

◆保持好奇心和创新精神

无论是主播个人，还是直播卖货团队，未来发展都需要富有好奇心与探索精神。一棵小树苗要成长为参天大树，仅靠主干是远远不够的，它必须不断开枝散叶，才能吸收更多阳光雨露，抵抗风雨、严寒等。主播也是如此，审美疲劳是主播粉丝流失的重要因素之一，如何解决该问题呢？探索创新无疑是关键所在，主播要具备持续挖掘新内容的能力。

直播基于主播的知识、经验、感受输出内容，如果直播不能持续创新，长期直播会掏空主播积累的原始素材，从而使直播陷入瓶颈期，而根植于互联网的直播处于更新迭代的领域，根本没有为主播打破瓶颈预留足够时间。因此，为避免淘汰出局，主播必须保持强烈的好奇心，不断补充新的知识，探索新的空间，保障自身长期稳定发展。直播的未来究竟是什么，没有人能给出明确答案，但只有不断探索创新的主播才有机会见证并引领直播的未来。

5.3.3 借势而为：巧借热点打造爆款内容

在互联网时代，热点就意味着流量，所以互联网时代的直播营销必须抓住热点。从用户角度来看，第一次看到热点话题会感觉新鲜有趣；第二次看到热点话题，虽然新鲜度会下降，但不会厌倦；第三次看到热点话题就会产生厌倦情绪。所以，对主播而言，把握时机、抓住热点，将热点引入直播非常重要。

◆关注热点

主播策划直播内容时，必须时刻关注市场热点。例如，淘宝直播招募主播时，薇娅、李佳琦等主播就是借助平台分配的流量红利一鸣惊人、强势崛起。热点往往能获得较高关注度，吸引足够的注意力。如果主播能率先抓住热点，就能利用信息差抢先获得红利。对于主播来说，利用热点开展直播不仅容易吸引粉丝，还能扩散品牌，扩大自身知名度和影响力。

◆跟住热风向，快速出击

当主播发现市场热点，科学判断该热点的影响力之后，就需要紧抓这一热点，快速出击。在这一过程中，主播一定不能偏离营销主题，可以基于自身特点添加热点元素，实现与市场的完美融合，吸引更多粉丝。

对于主播来说，新热点出现之时往往是占领先机的最佳时机。例如，淘宝直播招募主播时，就是主播的最佳时机。率先进入平台的主播不仅能获得平台的流量支持，还能获得厂商的青睐。

总而言之，对于主播来说，以热点为直播主题的策划方向是一个不错的选择，只要抓住机会就有可能获得流量。作为走在时代前沿的群体，主播必须时刻关注直播环境与直播市场的发展走向，敏锐发现热点，迅速出击。

5.3.4 引燃爆点：制造噱头实现病毒传播

对于直播营销来说，话题非常重要，因为只有好话题才能带动信息更好传播，让直播营销事半功倍。所以，对于直播营销来说，如何制造好话题成为关键。在话题制造方面，人们一直将噱头视为“有效的佐料”，将制造噱头视为营造直播主题的良好选择。

◆引用关键热词做噱头

在策划直播主题方面，主播要学会利用热点词汇做噱头。在互联网时代，各种信息层出不穷，能够实现大范围传播的信息必然是热门信息，主播可以提取这些信息中的关键词作为直播主题。例如，2016 年里约奥运会期间，在傅园慧的带动下，“洪荒之力” 成为热门词汇，风靡一时。再例如，大司马的“瓜皮”“真的很皮”“不存在的”，PDD 的“皮皮虾”，抽象工作室的“内蒙古海军司令”等，在当时都属于热门词汇，主播完全可以利用这些词汇打开话题与粉丝互动。

一般而言，主播要扩大自我影响力，提升自我知名度，必须在直播主题中植入一些自我标签，让粉丝通过标签了解自己。另外，主播还能借一些热门事件、名人效应帮助提升知名度。

◆抛出爆炸性新闻做噱头

为了满足粉丝的猎奇心理，主播策划直播主题时可以用一些爆炸性新闻做噱头，吸引粉丝进入直播间观看直播。当然，这种爆炸性新闻不一定是现实生活中真实的爆炸性新闻，而是基于直播主题打造有看点的新闻，对粉丝产生强吸引力。

其实，这些信息不一定非常劲爆，只要话题、标题能够引起观众兴趣，吸引观众围观，然后在直播活动中为观众提供一些有价值的内容即可。例如 2019 年淘宝零食节期间，薇娅做了一场主题为“怎么这么多好吃的零食！”直播。单看这个主题，非常容易理解，就是美食推销。进入直播间，薇娅也没有辜负大家的期望，一波接一波低价零食不断涌现，为粉丝带来无限惊喜。

由此可见，主播要通过直播获得更高知名度，必须精心策划直播主题，吸引用户进入直播间。最重要的是，主播要在直播过程中给粉丝一些实惠，鼓励粉丝分享传播，通过老粉丝不断获取新粉丝，是非常成功的直播策划方向。

第6章

活动运营：直播卖货活动策划与实施

6.1 打造高效执行的直播卖货团队

6.1.1 主播：将产品展示推销给观众

在一场直播卖货活动中，主播相当于一名顾问式超级导购，其素质高低直接决定着销量的好坏。但很多主播对自己的这一身份没有太深刻的认知，将“卖货”与“推销”画上了等号，一味地向观众推销产品，很容易引发观众反感。那么，对于电商主播来说，作为一名顾问式超级导购，究竟要在电商直播过程中扮演什么角色，承担哪些职责呢？

从整体来看，电商主播的职责可以分为两部分，一是相对于顾客的职责，二是相对于直播团队的职责，具体分析如下。

◆相对于顾客的职责

相对于顾客的职责，指的是电商主播要为顾客提供服务，了解顾客的需求、喜好，帮助顾客做出选择，促成交易，具体职责如图 6-1 所示。

一名优秀的电商主播可以为顾客提供很多有价值的信息，解决顾客的种种问题，帮顾客买到需要的产品。

帮助顾客做出最正确的选择

主动向顾客介绍产品特点

向顾客说明商品能给他带来的利益

回答顾客与商品有关的问题

说服顾客购买商品

向顾客推荐其他的商品和服务

让顾客相信购买该商品是一个明智的选择

当顾客犹豫不决时帮助其果断下单

图 6-1　电商主播对顾客的职责

◆相对于直播团队的职责

对于直播团队来说，电商主播要承担五大职责，如图 6-2 所示。

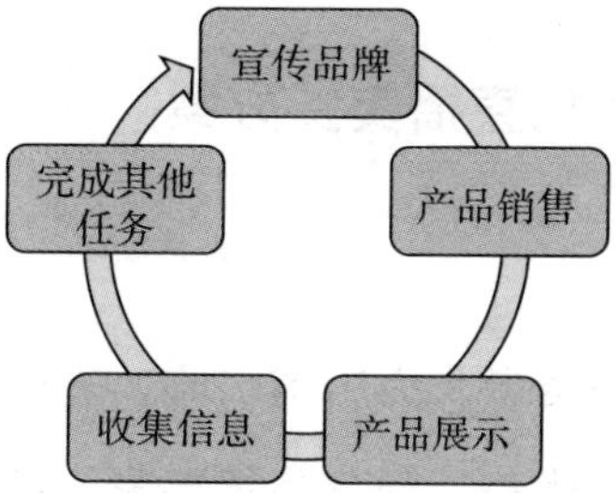

图 6-2　电商主播对直播团队的职责

第一，宣传品牌。品牌与口碑可以帮消费者快速判断一件产品的品质，节省选择时间。但品牌的建立需要一线导购促成，在电商直播环境中，品牌与口碑的建立需要主播来促成。所以，电商主播不仅要向顾客推销产品，还要向顾客讲述品牌背后的故事，向顾客介绍品牌的价值，让顾客放心地下单购买。

第二，产品销售。产品销售是电商主播最重要的任务，在直播过程中，电商主播要利用各种销售技巧，刺激更多消费者产生购买冲动，提高产品销量。

第三，产品展示。电商主播要在直播过程中向观众展示产品，将产品卖点、价值点全面展现出来，让观众对产品产生全方位了解。

第四，收集信息。在直播过程中，电商主播可以和消费者直接沟通，要利用这个机会收集、获取消费者的反馈信息。首先，电商主播要了解顾客对产品的期待，收集顾客对产品的建议，妥善地处理顾客异议，及时反馈给团队的其他成员。其次，电商主播要及时收集直播平台对直播团队的要求，与直播平台保持良好的关系，获得直播平台的支持。最后，电商主播要及时了解产品销量及库存情况，让团队成员与经销商及时沟通交流，适时补充库存。

第五，完成其他任务。除上述任务外，电商主播还要完成直播团队及直播平台安排的其他工作。

6.1.2　运营：制订实施直播卖货方案

◆直播目的

通过达人直播吸引消费者，为店铺引流，进行店铺推广。

推荐产品，强化产品优势，塑造品牌形象，扩大品牌影响力。

讲述品牌故事与品牌宗旨，向受众传递品牌理念。

◆直播方式

直播方式为专场直播，直播场次、直播时间、直播主题由商家确定。

◆直播实施方案

第一阶段：预热，吸引到一定数量的观众后进入下一阶段。在这一阶段，主播要做到三件事，如表 6-1 所示。

表 6-1　直播预热阶段的三项任务

三项任务	具体内容
学习	主播要提前熟悉商品，浏览商品详情页，收藏链接，以便直播时可以方便地向观众发送链接。如果商品有一些独特的卖点，主播可以将相关信息打印出来，提前学习、熟记，但不要在直播时照本宣科，要用自己的语言来介绍产品
预热	提前通过各种渠道发布直播预告，线上渠道如微博、微信、抖音等，线下渠道如广告牌、纸媒等，提醒观众按时观看
游戏互动	直播开始后，为了调动直播间的气氛，主播可以与用户玩一些小游戏，例如猜产品、猜价格等。对于积极参与游戏并且猜对的用户，主播可以送上一份小礼品，借此积聚人气，为接下来的直播活动奠定良好的用户基础

第二阶段：导流，吸引更多顾客进店咨询并下单购买。在此阶段，主播要做好以下三项工作，如表 6-2 所示。

表 6-2　直播导流阶段的三项任务

三项任务	具体内容
介绍产品信息	主播要向用户介绍产品信息，除产品的基本特性（面料、原料、产地、工艺、生产日期、保质期等）外，要全方位展示产品外观，清晰地介绍产品卖点
试吃、试穿、试用	介绍完产品之后，主播要试穿/试吃/试用，描述真实体验。在此阶段，主播可以融入产品特点与卖点，多使用形容词，让用户更真实地感知产品
查看用户评论，回答用户问题，提醒用户领取福利	福利发放和吸粉技巧：为了吸引更多粉丝，直播团队可以制作一个吸粉道具，将店铺二维码或个人二维码贴在这个小道具上，然后设置一个小问题或小游戏，邀请回答正确的用户扫码加微信领红包。这个道具不用太复杂，只要可以书写微信号或者粘贴二维码即可

第三阶段：客服承接。主播将粉丝吸引到直播间之后，要引导粉丝前往店铺购买商品，完成流量转化，这就对商家的客服接待能力提出了较高的要求。为了做好客服承接，商家要提前安排好客服班次，针对用户最可

能提问的问题设置自动回复，例如“发什么快递?”“拍下什么时候发货?”“身高××cm，体重××公斤，拍什么码合适?”“怎么领取优惠券?”等。提前设定好回复内容，可以大幅减轻客服人员的工作量，提高回复效率。

如果主播在直播中引导粉丝添加微信，那么一场直播可能会带来几千、几万好友。为了能同时与几十个甚至上百个微信号互动，商家可以借助软件设置自动问候与自动回复，向粉丝发送图文、语音、视频甚至外部链接等信息。

第四阶段：收尾。随着直播接近尾声，主播要做最后的产品推广与导流，如图 6-3 所示。

将产品卖点、优惠力度再介绍一次，如果时间充足，主播可以将整场直播中最受欢迎的产品再展示一次

重复品牌故事，让有问题的粉丝抓紧时间联系客服，进一步为店铺导流

重复最后的压轴大奖，吸引更多用户点赞、评论

激发粉丝点赞热情，鼓励粉丝分享直播链接，为互动性最好的粉丝送上福利

预告下一场直播

图 6-3　收尾阶段的 5 大任务

6.1.3　客服：耐心细致解答观众问题

◆**岗位职责**

第一，对商品信息较为熟悉，能够洞悉买家需求，掌握一定的沟通策略，能够向买家形象描述商品卖点与优势。

第二，能够热情、耐心、高效、准确地回答买家提出的与产品有关的各种问题，不向买家抱怨不满，不拒绝回答买家的问题。在买家心中建立

一个专业贴心、服务周到、值得信赖的客服形象，提高买家的满意度。

第三，如果遇到不良买家无法正常交流时，可以向同事或平台求助。

第四，商品备注要及时准确，确认好后第一时间向打单人员反映，以防错发、漏发等情况发生。

第五，在没有买家主动咨询时，要多浏览商品信息，全面掌握上架商品及库存情况。

◆工作内容及流程

第一，工作时间及时登录客服账号，例如，通过淘宝平台卖货，就要登录旺旺账号；通过蘑菇街卖货，就要登录相关的服务账号。

第二，与买家沟通的流程：表示欢迎——告知最近活动——介绍买家询问的商品——确认订单内容——请求买家收藏店铺。

第三，在买家要求更改收货地址或商品货号时，要在第一时间内修改完善，并在后台做好备注，及时联系打单人员，更改订单上的商品信息。例如，买家要求更改鞋号，可以在备注上说明："买家拍下，42码修改成41码，已修改妥当。"备注妥当后首先跟客户确认，确认无误后将修改信息告知打单同事。

第四，如果买家在快递、发票单、送货时间、贺卡内容等方面有特殊要求，要及时做好备注，向买家确认无误后迅速联系打单人员，告知××ID的买家在××方面有特殊要求。

第五，如果买家拍下商品并付款后，告知客服放弃购买要求退款，或者买家在拍下付款后，要求修改订单属性或收货地址，客服要先在后台搜索买家ID，查看ID订单是否已经打单。如果并未打单，可以直接在后台修改，及时做好备注，通知打单人员留意该订单已被修改；如果已经打过单，则需要联系仓库人员，拿回并修改发货单与快递单，然后做好备注；如果已经进入打包贴单环节，则需要到仓库部取回快递包裹，做好备注，并联系打单人员重新打单；如果包裹已经发货，要联系物流配送人员把包裹退回，交由打单人员做好登记，联系客服处理后期退款。

第六，随时了解库存情况，例如知道哪种商品缺货或者哪种商品销量更好，以便及时回复买家询问。

第七，如果库存充足，可以告知买家只要在当天××时前付款，就可以当日发货；如果处于缺货状态，可以告知买家大概的发货时间，例如付款后 72 小时发货等。如果买家多次催货，客服人员要及时与仓库部联系确认库存情况，回复买家是否可以尽早发货，如果不能要诚恳地向买家解释并道歉。

第八，结束与买家的沟通之后，客服人员要及时关闭聊天窗口，快速联系下一位买家。

6.1.4 公关：维护主播的口碑与形象

一些直播公会会设置公关部门，有些直播团队也会安排专门的公关人员，来维护主播的形象，处理各种突发事件。具体来看，公关的主要职责如图 6-4 所示。

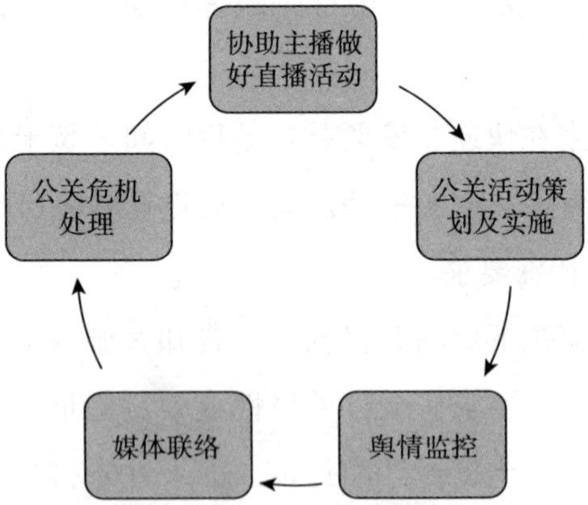

图 6-4 公关的五大职责

◆协助主播做好直播活动

主播形象要通过大量的直播活动来建立，所以在直播开始前，公关人员要对主播进行包装，在直播过程中对主播的行为进行监督，以免出现黑播（没有灯光或灯光很暗）、躺播、挂播、靠播、素颜直播等损害自身形象的行为。

◆公关活动策划及实施

高人气的电商主播可能会受品牌邀请参加各种活动，例如新品发布会、展会、各种节日活动等。公关人员可以借主播参加活动的机会对外沟通，进一步提高主播的知名度与影响力。为保证对外沟通的效果，公关部门要提前做好策划，并跟进实施。

公关人员策划公关活动时必须有明确的主题，围绕主题形成策划思路，例如整体风格、调性、内容、形式、具体目标等，还要对受众属性进行充分考虑，努力迎合受众的需要，提高活动的热度，引发二次传播。

公关活动虽然不要求有创意，但新奇的活动总能吸引更多人注意。为了提升活动热度，公关人员要在活动开始前进行宣传预热，并针对活动开展过程中可能出现的意外制定应对措施，准备好备选方案。

最后一步是执行。一场成功的公关活动离不开策划与执行，物资采购、协商洽谈、媒体对接、通稿撰写等环节缺一不可。在公关活动开展的过程中，公关人员要随时保持复盘思维，从宏观角度审视整场活动，用缜密的思维保证主播可以为观众带来一场完美的直播。

◆舆情监控

在移动互联网时代，各行各业的信息量暴增，而且信息传播渠道越来越多，传播速度越来越快，传播范围越来越广。电商主播一旦出现负面新闻，就会立即传播开来，使主播形象受到损害。严重的情况下还有可能引发公众对立，招致社会的负面批判，甚至会引发二次危机。所以，对于公关人员来说，做好舆情监控是维护主播形象的重要举措。

公关人员可以利用第三方平台建立舆情监测后台，对网络数据进行实时监测，快速生成舆情数据报告。在这个过程中，公关人员要不断扩大负面舆情的搜索范围，通过不断完善关键词索引和相关词库使搜索范围更加精细，从中筛选出精确的信息。同时，公关人员要对传统媒体、网络媒体、门户网站、社交网站等信息传播渠道进行实时监测，对人民网、新华网等主流媒体及微博、微信等主流社交媒体中负面新闻、负面言论的转载量进行重点关注。

为了能够及时发现负面信息，公关人员要有规律地进行搜索，例如一天一次、一天两次、一天三次等。然后对搜索到的信息进行分析整理，从真实性、信源、受众、舆论热度、趋势等多个角度对信息进行处理，生成舆情报告，提交给直播团队的管理人员。

◆媒体联络

如果电商主播需要与媒体合作，在与媒体人接触之前，公关人员要先了解记者、编辑等职业的特点与工作特性，然后再与他们接洽，以表示对对方的尊重。例如，不同类型的媒体往往有不同的截稿时间，所以要给对方留出一定的时间采访、撰稿。

除了发稿、采访、发布会等工作外，在日常生活中，公关人员也要与媒体保持密切往来，获取各个编辑与记者的联络方式，通过电话、短信、电子邮件、社媒账号等方式与其保持联络，但必须注意控制联络频率，以免让对方产生“受骚扰”的感觉，引起对方的反感。

◆公关危机处理

一旦发现网络上出现对主播不利的言论，公关人员要立即剖析原因，制定应对策略。如果是谣言，要立即发布辟谣声明，并通过各个渠道将声明散播出去，让公众了解事情的来龙去脉；如果是事实，公关人员要剖析公众的心理诉求，是为了宣泄不满，还是为了获得赔偿。面对这类危机，公关人员必须态度诚恳，积极寻求解决方案，耐心倾听，诚恳道歉，安抚公众的情绪，而且要易地而处，制订对公众来说最有价值的解决方案，并在公众的监督下落地执行。

6.1.5 供应商：提供优质低价“好货”

◆供应商把控产品质量的三大方法

质优价廉的前提在于质优，所以，在与电商直播团队合作开展直播营销的过程中，供应商要严格把控产品质量，不仅要意识到产品质量的重要性，还要落实到具体行动中，从细节着手，从小事做起，推行全面质量管理模式，层层把关，人人负责，才能从源头做好质量管控。供应商应该如何把控产品质量呢？具体做法如图6-5所示。

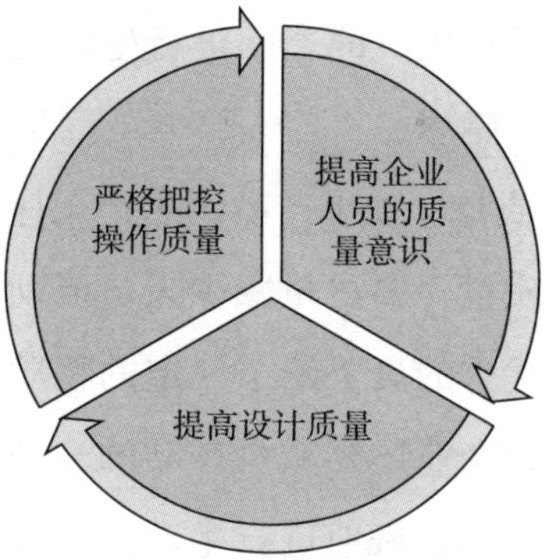

图6-5 供应商把控产品质量的三大方法

（1）提高企业人员的质量意识。企业与电商直播团队合作销售产品，很有可能通过一场直播获得成千上万份订单。面对突然暴增的订单，企业管理者要及时召开生产会议，要求生产人员平稳心绪，按部就班地组织生产，在保证产品质量的前提下提高生产效率。如果企业为了尽早出货而忽略了产品质量，让消费者收到以次充好的产品，会严重损害企业形象，甚至会损害电商主播的形象，失去一个极好的销售渠道。对于企业来说，这种结果完全背离了直播营销的初始意愿，得不偿失。为了避免这种情况发生，企业必须做好质量教育，让全体员工树立质量意识，如有必要可以和员工签订“质量责任书”，提高员工的责任意识，切实保证产品质量。

（2）提高设计质量。企业要了解用户对产品质量的要求，包括用户需要产品达到怎样的标准，具备哪些性能，防止产品的实际性能与用户期待出现较大偏差；要做好与用户的沟通，让用户了解产品性能，在保证产品性能的前提下保证产品安全、可靠。另外，企业要严格执行“设计与开发”程序，如果产品的交付进度有特殊要求，可以采用灵活多样的方式，例如借鉴成熟产品的设计，对不同之处进行测评等。

对于产品的生产定型，即便客户没有提出强制性要求，出于对客户负责的态度，企业也要对批量生产的产品进行生产定型，对暴露出来的问题及时解决，以免留下质量隐患。

（3）严格把控操作质量。如果产品的生产工序比较多，而且以手工生产为主，为了保证产品质量，要尽量减少人员流动。为此，企业可以采取一些措施，例如对表现优秀的员工给予一定的物质奖励，鼓励其在现在的岗位上继续努力。另外，企业还要减少产品的流动性，编制合理的生产计划，保证所有订单都能按部就班地进行生产。如果多个订单的交付进度重叠，企业可以与用户协商，将交付时间错开，以免生产人员为了赶交付日期导致产品质量下降。

◆供应商控制产品成本的四大策略

消费者喜欢看电商直播的原因主要在于可以买到质优价廉的产品，那么供应商如何在控制产品质量的前提下，降低产品生产成本呢？具体做法如图 6-6 所示。

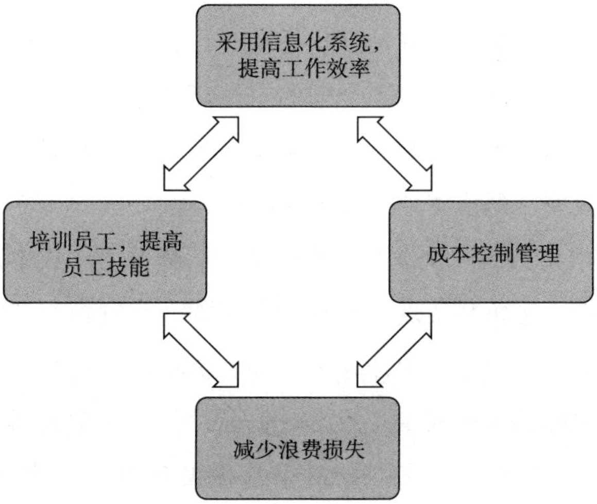

图 6-6　供应商控制产品生产成本的四大策略

（1）采用信息化系统，提高工作效率。目前，企业之间的竞争愈演愈烈，想要从激烈的竞争中脱颖而出，企业必须提升业务处理效率，准确把握客户需求，这些全部需要借助信息化系统才能实现。在信息化系统建设过程中，企业会遇到很多困难，但只要企业领导提高重视，制订科学的计划，找到合适的合作厂家，信息化建设就能顺利开展。如果企业害怕遇到困难放弃信息化建设，就会导致企业的运作效率不断下降，人力成本过重，产品质量无法保证。这样一来，企业必然会丧失竞争力，无法有效控制产品生产成本。

（2）成本控制管理。在企业管理中，成本管控是一项基本内容。过去，企业成本管控的重点主要是生产原材料与生产设备的采购。目前，企业成本管控的范围无限扩大，已延伸至人力资源成本管控、营销与管理成本管控、资金占用成本管控、产品质量成本管控、生产等待成本管控等方面。目前，企业为了降低产品生产成本，开始大力推崇精益生产、零库存、零等待生产。为此，企业必须建立成本管控体系，对各项成本进行细分，从源头抓起，切实做好成本控制。

产品生产成本控制离不开信息化系统建设，只有借助信息化系统，企业才能实时把控生产状况，对不合理的生产环节进行改进，将生产成本控制在合理的范围内。因此，对于企业来说，信息化是基础，只有完成信息化建设才能高效率、低成本地开展各项活动。

（3）减少浪费损失。企业减少生产浪费、降低生产成本需要依靠科学的管理，让废料、边角料实现充分利用。例如，某铜板生产加工企业在完成信息化建设之后，利用一个计算机软件系统将铜板切割产生的废角料减至最少，极大地降低了铜板生产成本。目前，很多大型公司都建设了资产管理系统，在该系统的支持下，企业各种设备都能实现动态、科学管理，不仅延长了使用寿命，还使产能得以大幅提升，最终实现了减少浪费、降低生产成本的目标。

（4）培训员工，提高员工技能。对于企业来说，开展员工培训，提高员工生产技能，也可以有效降低生产成本。虽然企业要为此投入一定的资金，但如果能在提高生产效率，保证生产质量的基础上降低生产成本，也能获得巨大的收益。众所周知，目前，人才已成为企业最核心的竞争力，员工技能的提升不仅可以提高生产效率，减少浪费，降低生产成本，还能让员工对企业产生归属感，稳定员工队伍。

6.2 “五步法”策划直播卖货脚本

6.2.1 步骤一：明确直播目标

明确直播活动的目标至关重要，目标不明确会导致资源分配不合理，进而导致团队成员不知所措，无所适从，影响直播效果。在直播活动开始之前，直播团队必须明确直播目标，以便更好地完成直播任务。

◆销售产品

如果以销售产品为直播目标，目标确定必须遵循 SMART 原则，具体内容如表 6-3 所示。

表 6-3 SMART 原则的具体内容

原则	具体内容
S（Specific）——明确性	首先，直播卖货团队要明确：直播就是为了完成销售目标。整个直播方案都要围绕这一目标展开，直播团队在直播过程中的一切活动都要以直播方案为基准，以完成销售目标为目的
M（Measurable）——衡量性	直播目标的制定要有数量上的明确规定，使直播效果可以衡量评估。例如“预估双 11 期间口红销量多少支”“主播销售多少商品才能达到业务合格标准”等。只有制定明确的销售数量，才能激发直播团队的卖货动力
A（Attainable）——可实现性	可实现性也就是可行性，要求直播团队参考团队能力、粉丝数量、市场规模等因素制定一个切实可行的销售目标，不要盲目追求过高销量，也不能低估自身实力，保证直播转化率
R（Relevant）——相关性	接下来，要考虑实现该销售目标与其他目标的关联性。即便顺利完成了毫无关联的销售目标，对整个大计划与其他目标毫无帮助或者关联度很低，所能发挥的作用也是极小的。因此在确定卖货品类或者卖货数量时，要做好市场调查与分析，找出能够帮助全局性目标顺利实现的因素，参考这些因素制定直播带货的目标，只有这样才能达到最终目的
T（Time-based）——时限性	时限性说明了实现目标需要有时间限制，缺乏时间限制的目标无法形成市场竞争力，甚至会沦为毫无意义的空头方案，起不到激励团队、鼓舞士气的作用。只有明确卖货目标的时限，才能激发直播带货人员的斗志，促使卖货目标顺利实现

◆新品推广

直播活动的一个主要目的就是新品介绍。通过不断推广创新产品发现新的商机，开辟新的市场，找到新的蓝海。经过大量投入和精心设计后的新产品只有经过直播团队的大量推广，才能获得买家关注，最终转化为现实的利润。因此，直播团队的首要任务就是让新品占领市场，而新品推广的关键在于让买家在最短的时间内获得舒适的体验。

◆塑造品牌形象

品牌形象是影响主播卖货的重要因素，是主播地位、实力的象征。“一个品牌就是一个承诺，当一个品牌强大时，顾客会充分感受到品牌带给他们的是实惠、可靠和愉悦，他们就会把它当作自己的品牌，给予信任和关心，成为他们生活的一部分。”直播卖货活动中塑造主播富有亲和力的正面形象，能够提高观众的好感度，让观众产生购买意愿。主播卖货不仅要向观众传播商品的使用价值，更要传递品牌价值观，让观众获得独特的使用体验。

◆消化库存

一个成熟的主播不仅要能够助力新品推广，还要能够帮助企业消化库存。在当前的市场环境中，同一领域难免出现功能雷同的商品，出现库存积压。在这种情况下，企业为了消化库存，回笼资金，寻找合适的主播直播卖货是一个不错的选择。通过主播策划直播活动，加大优惠力度，采用多种多样的营销手段，以便在新产品上线前清空库存，回笼资金。

主播最常用的消化手段是商品打折，尤其是在服装行业。每逢换季之时，主播就会抓住观众用“低价买大牌”的心理，大力宣传服装的折扣力度，反复提醒买家不要错过。同时买家也会找到自己信赖的主播，关注主播的营销活动，择机购买喜欢的大牌服装，节省资金。

需要注意的是，大幅度的价格折扣既有好处，也会带来一些问题。虽然主播可以通过短时期内的大幅降价活动获得买家的关注，但如果一直开展低价促销也会引起买家的反感，使商品质量受到质疑，失去买家的信任。毕竟，虽然买家希望买到低价商品，但更注重商家质量。

由此可见，商家与主播在策划低价促销活动时，一定要考虑周全，精心准备。对于主播与商家来说，通过这样一场直播促销活动，不仅要获得一定的市场份额，还要塑造正面的品牌形象。

6.2.2 步骤二：找准目标客群

◆锁定目标群体

每一个主播都要找到自己的目标粉丝群体，这是主播能否占据市场份额的重要条件。主播只有找到自己的目标粉丝群体，才能根据粉丝需求，为其推荐合适的商品，实现商业变现。在寻找目标粉丝群体的过程中，主播要考虑以下三个问题：他是谁？如何找？找到后如何甄别？“他是谁”主要是为目标群体设定一个大范围，可以从自然属性、价值属性、购买行为、使用行为四个方面进行考虑，如表6-4所示。

表6-4 锁定目标群体的四大维度

四大维度	具体内容
自然属性	粉丝的年龄、性别、教育水平及收入状况
价值属性	粉丝的社会地位、家庭角色、职场身份、个人的接受能力、个人的价值观等
购买行为	①粉丝购买商品的理由，为什么买，能够带来什么作用，解决什么问题。② 粉丝的经济能力、支付能力，这决定了他所能购买产品的档次。③品牌影响，粉丝是否在意品牌知名度与影响力，喜欢国货还是外国产品。④功能偏好，粉丝更重视外观还是售后，更重视多功能还是单一功能
使用行为	粉丝在什么时间使用，在什么场景使用，有没有特殊的使用习惯和服务的需求，使用过程及其他需求

以珠宝类主播为例，这类主播在寻找自己的目标粉丝群体的过程中，首先要绘制一个准确的用户画像。如果目标粉丝群体以中年人为主，消费能力较高，社会地位较高，注重个人气质，爱好珠宝饰品，希望借助主播选到符合自身气质的珠宝，对价格不敏感，更注重珠宝的材质与品质。如果是年轻白领，主播就要替他们寻找高性价比的珠宝。年轻白领

初进职场，资金有限，对价格比较在意，更喜欢简约时尚的轻奢型饰品。

◆如何对目标粉丝群体进行分类鉴别

精准定位目标粉丝群体有三个基本条件：有现实需求，有决策权力，有购买能力。其中，有现实需求，用 R（Reality）代表；有决策权，用 D（Decision）代表；有购买力，用 B（Buy）代表。据此可以把目标粉丝群体分为 A、B、C、D 四个等级，如表 6-5 所示。

表 6-5　目标粉丝群体的四个等级

等级	特点
A 等级	有现实需求，有决策权力，也有购买力，属于最优先级的粉丝群体。如果发展顺利，能够成为主播最忠实的买家，是主播需要优先考虑的一类粉丝群体
B 等级	一类有现实需求，有购买能力但没有决策权力，这类粉丝群体需要进一步接触，深度挖掘，促使其向有决策能力的人转化。因为具备较高的商业变现价值，开发潜力巨大，所以需要主播用心经营。另一类有现实需求，也有决策能力，但是缺乏购买能力。由于购买能力较弱，因此主播要针对这类群体多开展价格促销活动，推销高性价比的商品
C 等级	有现实需求，但没有决策能力和购买能力。虽然这类群体无法帮助主播在短期内提高销售业绩，但粉丝群体规模大，开发潜力大，随时有可能转化为 A、B 等级，需要主播耐心对待
D 等级	俗称“三无群体”，即现实需求、决策能力以及购买能力都不具备。这类群体不需要主播重点关注

6.2.3　步骤三：设计促销活动

主播常用的直播卖货促销活动主要包括打折促销、派发红包、免费包邮等。

◆打折促销

打折促销是最受买家欢迎的一种购物活动，也是主播经常使用的直播促销活动。通过直接给予买家巨大的优惠额度，刺激买家的购买欲望，让买家用更划算的价格买到更多商品。对于主播来说，打折促销也是向买家传递品牌形象的机会，“在我这里，优惠更多”，可以提升买家对主播的信赖与认可。一般来说，打折促销有两种方式，如图6-7所示。

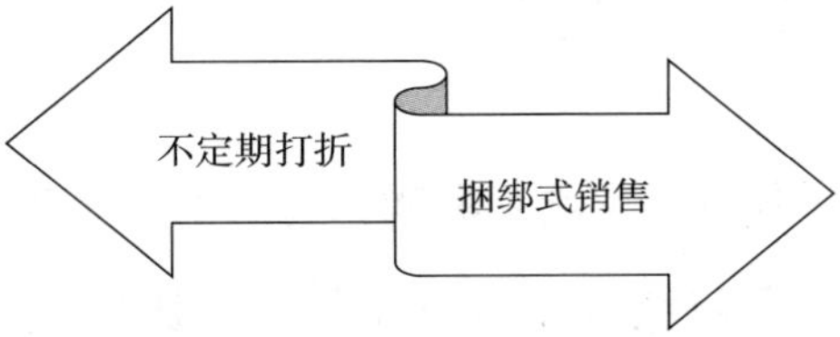

图6-7　打折促销的两种方式

（1）不定期打折。在每年的重大节日，尤其是“双11”与“双12”的时候，主播需要大幅提高优惠力度销售商品。因为到了节假日，买家的购买欲望会大幅提升。新直播间可以选择在节假日开业，推出双重优惠活动，吸引更多买家进入，用低廉的价格、高性价比的商品留住买家。

（2）捆绑式销售。变相折扣，也就是捆绑式销售。一种是将热门商品搭配滞销商品一起出售，以达到清理库存、回笼资金的目的。另一种是将相关性较强的商品打包出售，例如将单个护肤品组成一整套出售，通过优惠的价格吸引买家注意。

◆派发红包活动

大多数买家都希望获得丰厚的红包。电商主播可以通过派发红包，让观众心甘情愿地进入直播间，在直播间留言互动，转发直播预告，帮助主播完成粉丝裂变，让粉丝数量实现滚雪球式增长。另外，派发红包也是一种积极有效的互动形式，是主播对粉丝的物质回馈，能够进一步增强粉丝黏性，提高粉丝对主播的好感，最终将观众变成粉丝，将粉丝变成忠实粉丝。

例如，2019年天猫“双11”全球狂欢节，举办“双11”超级红包活动，下起千万红包雨。参与这个活动的所有买家每天可以领取3次红包，领到的红包可以在 11 月 11 日当天作为现金券使用，如果商家在 11 月 11 日当天还有其他的优惠活动，这个红包可以叠加使用，帮助买家节省购物资金。这个活动吸引了海量用户参与，用户领到红包之后就会用红包购买商品，从而达到刺激消费的目的。

◆免费包邮活动

在网购环境中，邮费是影响买家购物行为的一个重要因素。大多数买家更喜欢包邮商品，不习惯自己承担邮费。一般来说，快递配送有平邮、物流和特快专递三种方式。特快专递的速度最快，耗费最短，价格最高，如果买家没有紧急要求或商品不是特殊商品，商家一般不会主动发特快专递。物流快递价格适中，速度适中，是商家发快递的首选。平邮耗时较长，除非是廉价商品，否则商家尽量不要使用这种快递方式。

主播直播卖货推荐的商品一般都要包邮。如果商家单价较贵，可以一件包邮；如果商品盈利空间较小，可以设置多件包邮。多件包邮可以鼓励买家多多购买，买的数量越多，减免的邮费力度就越大。

6.2.4 步骤四：编制促销预算

销售预算是指主播在制订销售计划时对营销活动费用进行粗略估算，是资金使用方案。销售费用的多少必须考虑销售目标，销售费用过多会增加无谓的成本开支，销售费用过少会导致无法完成预定的销售目标。

◆销售预算的主要步骤

确定销售预算需要遵循三个步骤，如图 6-8 所示。

（1）确定目标。一般来说，一场直播带货活动的销售目标和利润目标应该由多个利益方共同商议确定。通过主播评估，专业的大数据公司提供数据支持，平台方衡量主播的销售数量，最终制订一个比较合理的销售预算方案。主播只有不断提高在买家心中的地位，吸引更多流量关注，才能获得平台更多支持与补贴，才能吸引更多知名公司与企业前来寻求合作，才能吸引更多销售人才加入。

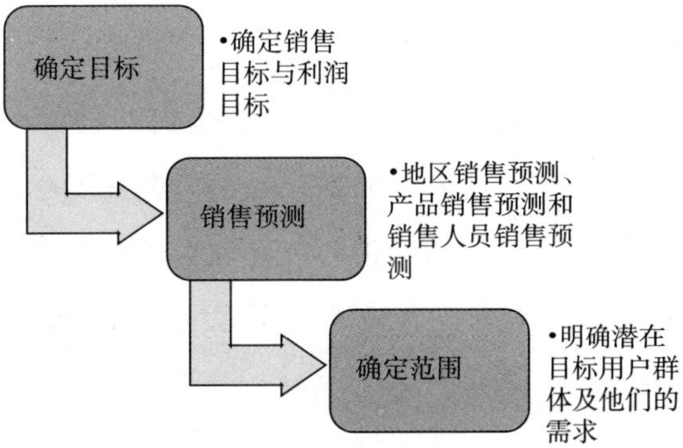

图6-8　确定销售预算的三大步骤

（2）销售预测。销售预测主要由地区销售预测、产品销售预测和销售人员销售预测三部分组成。一旦直播卖货团队制定了明确的销售方案和利润目标，就要进一步锁定目标粉丝市场。如果主播的实际卖货情况与原定的销售计划出现偏差，要根据实际情况及时修正、调整。为此，直播卖货团队必须制订紧急备选方案，以便在出现问题时能够顺利解决。如果实际卖货情况与原计划不一致，主播要推翻既定方案，重新规划销售目标，甚至要变动整个营销方案。

（3）确定范围。要完成既定的销售目标，直播卖货团队必须明确潜在目标用户群体及他们的需求。从推荐的商品种类，到商品价格，都要在直播过程中做好与买家的互动，认真聆听买家的意见与观点，耐心解答买家的疑惑与问题，通过这种面对面的交流沟通拉近与买家的距离。此外，一个实力强大的头部主播一定拥有一个实力强大的团队，要积极招募优秀的销售人才，壮大直播队伍，维护主播的正面形象，提高主播的知名度，吸引更多买家进入直播间，参与互动，做出购买行为。

6.2.5 步骤五：把控直播节奏

把控直播节奏是直播卖货的关键一环。那么，主播怎么做好直播节奏把控呢？我们可以从电视购物中学习经验。

为什么要跟电视购物学直播带货？尽管电视购物面向的是中老年群体，没有即时互动，但逻辑严谨、证据充足、节奏紧凑、言辞恳切，能够刺激观众产生冲动购买，其中的逻辑与技巧值得借鉴与参考。对电视购物节目进行深入分析就会发现，电视购物的卖货活动通常会遵循 7 个步骤，如图 6-9 所示。

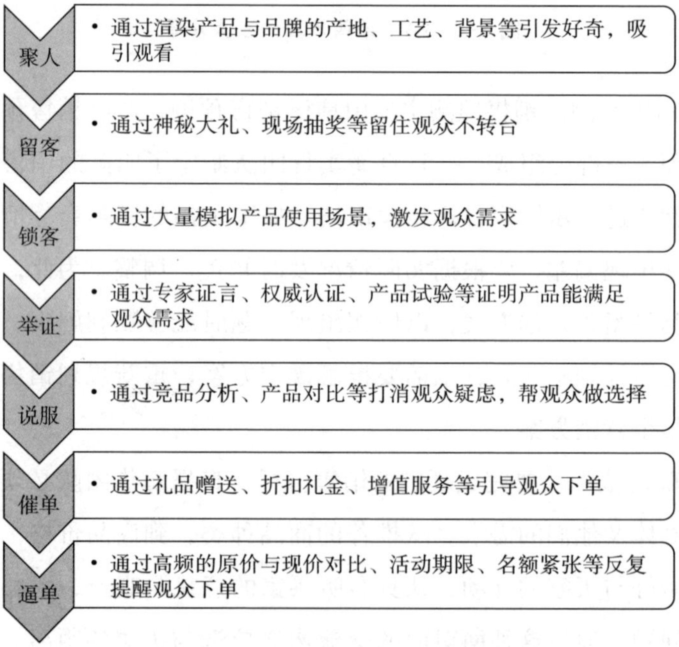

图 6-9　电视购物的七个推进步骤

电视购物节目无论卖什么商品，其流程与节奏几乎不变，每个关键节点都会出现在节目时间线的相应位置。电视购物节目一般包含三条短片，前两条短片是 15 分钟，第三条短片是 10 分钟，这样就组成了一档 40 分钟左右的电视购物节目。

电视购物节目一般以第一条 15 分钟的短片为模板，重复卖货过程（会稍微改变内容）。电商主播可以借助这个模板，形成属于自己的模板。以“30 分钟美妆直播”为例，主播可以重复直播这 30 分钟的内容。即便推销其他产品，也可以按照这个模板进行，只要稍微变动一下素材即可。模板如表 6-6 所示。

表 6-6　“30 分钟带货”直播模板

时间	任务	具体内容
0~5 分钟	聚人	这个环节有两个任务：第一，通过和用户交流，拉近彼此间的距离；第二，不能直接谈论具体产品，要对宝贝的销量、成绩、大众评价、发展历程等信息进行适当渲染，以激发用户的兴趣，吸引更多人观看直播
5~7 分钟	留客	为留下用户，主播要公布后期的一系列优惠活动，例如今晚送红包、抽大奖、半价促销、赠大牌口红等，同时号召粉丝将优惠公告刷屏
7~12 分钟	分享	这一阶段有两个任务：第一，通过相互问答与用户互动，向用户介绍产品详情，引导用户说出对产品的顾虑（可借助水军），然后对产品卖点、使用效果、精华成分、香型气味等进行详细描述，同时阐述自己的价格优势，刺激用户的购买冲动；第二，主播在直播间亲自使用产品，分享使用感受，让用户亲眼看到使用效果，从而激发购买欲望
12~16 分钟	举证	列出产品三证、红人推荐、晒图好评、销售数据、网友来信、官方保证等相关证据，证明产品值得信赖，获得用户的认可
16~22 分钟	说服	列出产品在使用效果、价格、口碑、包装、优惠度等方面的优势，促使用户购买产品

续表

时间	任务	具体内容
22~27 分钟	催单	这一阶段有两个任务：第一，公布产品价格，突出产品的“物超所值”，满足用户强烈的好奇心；第二，为激发用户的购买热情，刺激用户集中下单，主播要重申各种优惠活动，例如半价促销、赠品丰厚、限时秒杀、随机免单等
27~30 分钟	逼单	通过倒计时的方式营造出紧张的气氛，反复强调这次促销限时限量，提醒用户尽快下单，以免错失良机

6.3 实施直播卖货活动的标准流程

6.3.1 流程一：直播预热

直播预热就是在直播活动开始之前造势，吸引更多用户观看直播。在此阶段，主播要做好三大情感营销，让用户对活动充满期待，如图 6-10 所示。

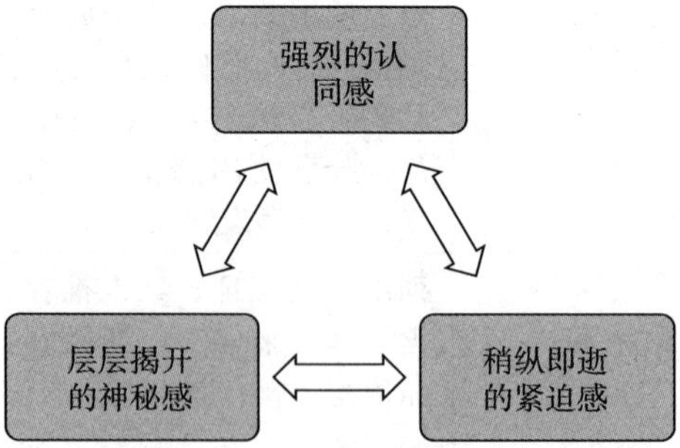

图 6-10 情感营销的三大内容

◆强烈的认同感

要想激发受众期待，直播预热文案必须精妙绝伦、直击要点，必须能够激发用户共鸣，让用户产生强烈的认同感。就如同经验丰富的销售员一样，在推销产品的过程中，总是可以精准地定位顾客需求，然后有针对性地向其介绍产品，引发共鸣，达成交易。直播预热文案就是要达到这样的效果。

为此，在设计文案之前，直播团队必须先明确这场直播活动的目标受众，挖掘他们的潜在需求。例如，某直播团队筹划了一场美食直播活动，其目标受众是热爱美食、对事物有着强烈好奇心的一类群体。明确了目标受众之后，直播团队有针对性地设计了一条预热文案："人生乐事莫过于日落之后，灯光骤起，在烟雾缭绕中，在人声喧闹中，在滋滋作响的美妙乐章中，洗去周身的疲惫，来一场属于我们自己的饕餮盛宴。喜欢美食的你，9 月 18 日，风里雨里，我在这里等你！"美食爱好者除了享受美食带来的味蕾的满足之外，享受的还是品尝美食时的无忧无虑。这则文案精准地切中了用户的这一心理，引发了强烈期待。

◆层层揭开的神秘感

对于未知的事物，人类总是充满了好奇心。如果直播团队能够在直播预热时营造一种神秘感，就能很好地激发用户的好奇心，让用户对活动保持密切关注，期待谜底揭开。在这方面，直播团队可以借鉴摩拜单车的一场活动。

在这场活动开始之前，摩拜在 App 发布了一张海报，告诉受众"我们要和英雄联盟一起搞事情了！"激发了受众强烈的好奇心。然后在活动开始前的倒数第三天、第二天、第一天，摩拜分别发布了以下三张海报，如图 6-11 所示。

图 6-11　摩拜单车暨英雄联盟活动海报

海报倒计时让这场活动充满了神秘感，活动当天吸引了大批游戏爱好者与骑行爱好者参与，活动场面非常热烈。电商直播预热可以仿效摩拜单车的这一做法，事先不披露活动细节，或者一点点地将活动方案呈现出来，制造一种神秘感，激发受众的好奇心。

◆稍纵即逝的紧迫感

在电商直播领域，用户的紧迫感往往来源于供不应求。例如："这款产品只有 10000 份，先到先得，过后不补，明晚 11 点准时开抢。"如果产品质优价廉，一定会吸引很多用户准时观看直播，参与抢购。前提是，在介绍这款产品时，主播一定要展现出这款产品的优点，激发用户的购买冲动。

6. 3. 2　流程二：介绍商品

向买家推荐商品之前，主播必须对这款商品有所了解，游刃有余地应对粉丝关于产品的各种问题，以展现自己的专业性。如果主播没有关于该商品的详细信息，可以在招商时要求商家提供。一般情况下，商家会准备一份比较齐全的商品资料交给直播团队。

一般来说，在电商直播过程中，主播介绍一款商品的时间大概在 5 分钟以内。很多缺乏经验的年轻主播经常抱怨，许多买家进入直播间后很快就退了出来，其原因主要在于主播推荐的商品缺乏足够的吸引力。买家是否愿意观看主播的卖货过程，是否愿意购买主播推荐的商品，在很大程度上取决于主播在这 5 分钟内的发挥。

5 分钟的时间虽然很短，但主播可以做很多事情，如表 6-7 所示。

表 6-7　5 分钟介绍产品的六大步骤

步骤	操作	具体内容
1	自我介绍	让粉丝迅速了解你是谁？擅长什么？准备推荐什么商品？例如，“大家好，我是主播××，欢迎大家来到我的直播间。我是一名有着 7 年卖货经验的淘宝店主，如果你想学服装搭配技巧，可以点击关注，我会在直播间定时分享最实用的穿搭知识，谢谢大家的支持”
2	介绍商品所获荣誉	向买家说明每款商品属于几号链接，获得过哪些荣誉，哪位明星大牌使用过或者代言过，是否拥有悠久的品牌历史。例如，“我们一起来看第三个宝贝链接，这款口红是 YSL 圣罗兰美妆官方旗舰店的小金条系列产品。圣罗兰口红是法国著名奢侈品牌，距今已有近百年历史，杨幂、迪丽热巴都是它的超级粉丝，21 号是这个系列的爆款，经常断货”
3	深度解析产品卖点	主要向买家介绍这款商品的核心卖点，能够满足买家哪些需求，具有哪些作用与功效，可以适当搭配其他商品一起推荐，产生 1+1>2 的作用。例如，“资生堂洗颜专科洗面奶能够深度清洁面部毛孔，洗后感觉很清爽，特别适合油性肌肤的亲们使用。搭配旗下的鲜润赋活乳霜，效果更佳。这款乳霜质地水润，保湿效果惊艳，特别适合油性肤质的年轻人使用。而且这款乳霜含有天然的瓜果清香味道，非常好闻。两款商品搭配使用简直是天作之合”
4	试用商品	主播拿出商品亲自试用，让买家见证使用后的效果，然后诚恳地表达自己的真实想法，让买家感受到你对这款商品的喜爱

续表

步骤	操作	具体内容
5	说明商品的优惠力度	主播可以强调这款商品的性价比极高，降价幅度极大，优惠力度前所未有。例如，“××商品原价是 399 元，‘双 11’当天只要 199 元，只限 1 万件。1 万名之后的朋友可以领取店铺 50 元代金券，349 元到手，也很划算。大家赶快加入购物车，先到先得，错过就要再等一年啦！”在这个环节，主播要时刻关注粉丝留言，与粉丝积极互动，针对粉丝最关心的问题耐心解答
6	处理售后问题	妥善处理好售后问题至关重要。很多主播由于忽视售后问题处理，降低了其在粉丝群体中的信誉，造成了难以想象的损失。因此，一方面，主播要做好与商家的对接，对直播推荐的商品进行严格把关，反复检查，以防商品出现质量问题。另一方面，主播团队要及时处理粉丝在购买后的反馈留言，针对负面评价及时回复，并做出补偿。一旦商品出现质量问题，主播要积极为粉丝出面，要求商家解决问题，做出赔偿。主播要始终将粉丝利益放在第一位，给予粉丝更多保障

6.3.3 流程三：打消下单疑虑

在直播卖货的过程中，用户无法接触到产品，会担心产品质量、色差等问题，从而犹豫不决，迟迟不下单购买。在消费决策前，人们会考虑各种潜在风险，例如，商品价格高于其他同类产品；主播虚假宣传；产品质量有问题；售后服务缺失等。所以，在直播卖货的过程中，主播要正视用户犹豫不决，迟迟无法下单的情况。

对于主播来说，给予消费者一定的购买信心，打消其下单疑虑，实现更高的营销转化，是其重要责任与使命。下面分享几个主播打消顾客下单疑虑的实用技巧，如图 6-12 所示。

◆通过良好的形象给予客户安全感

形象可以展现一个人的生活方式，主播的个人形象由仪容、仪表、仪态等构成，体现在相貌、穿着打扮、言谈举止等各种细节中。主播形象的好坏会直接影响卖货效果。以直播销售母婴产品为例，如果主播穿着打扮很新奇，语气动作很浮夸，很难让用户产生信任。

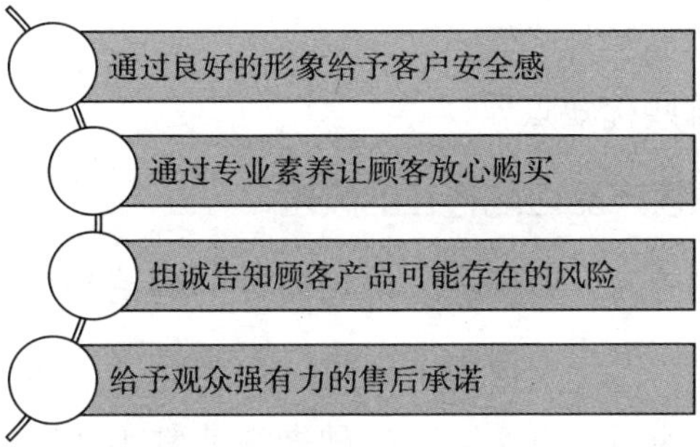

图 6-12　打消顾客疑虑的四大技巧

主播应该如何在买家心中塑造良好的形象呢？除了穿着得体外，主播还要做到谈吐大方，讲礼貌，尊重观众。同时，学会微笑也非常关键。微笑是沟通最好的桥梁，是社会交往中美好而无声的语言。主播的微笑应该发自内心，这就需要主播善于调动五官：眼睛略眯起、有神，眉毛上扬并稍弯，嘴角上翘，笑不露齿等。

◆通过专业素养让顾客放心购买

主播需要持续加强自身的业务能力，让自己成为专业人士，这样才能让消费者放心购买。专业是品质的保障，主播对产品的了解程度越深，对行业认识越深，其信誉度就越高，观众购买产品的可能性也就越高。

在直播卖货的过程中，观众会在直播间提出与产品有关的各种问题，例如产品材质、功能、制作工艺、尺寸、型号、物流、售后、使用方法等。如果主播不能很好地解答这些问题，就会受到观众的质疑，无法与观众建立信任关系。当然，直播卖货的产品品类非常多元，有些产品本身的功能、制作工艺较为复杂，需要主播在直播前主动收集资料，做好充分准备。通常情况下，主播想要直播销售某款产品时，必须了解以下几个问题。

（1）产品是什么？

（2）产品使用了什么材质与制作工艺？

（3）产品能解决什么问题？

（4）产品的卖点是什么？

（5）产品有哪些优缺点？

◆坦诚告知顾客产品可能存在的风险

产品都不是完美的，即便经过市场验证的畅销品也存在一些问题。在直播卖货的过程中，很多主播为了促进交易会过度美化产品，对于产品可能存在的问题躲躲闪闪。事实上，这种做法非常不明智。当主播过度美化产品时，会提高用户对产品的期待感。如果顾客收到的产品与期待相差甚远，就会产生极大的心理落差，产生被欺骗、愚弄的感觉，对主播的信任也会随之消失。

而坦诚告知顾客产品可能存在的风险，将有效解决这些问题。例如，少数人可能对产品过敏，此时，主播要明确告知观众，以免用户使用产品后出现身体不适；有些衣服的款式对人的身材有要求，主播必须明确告知观众这一点，以免观众购买后试穿效果差，对主播失去信任。

坦诚告知顾客产品可能存在的风险时，会让观众产生“主播为我们考虑，不是单纯地想要提高交易额”的认知，从而使那些真正需要购买产品的用户放心购买。同时，这种做法也可以过滤掉一些非目标用户，帮助主播塑造良好的口碑。

◆给予观众强有力的售后承诺

售后服务是影响产品销量的关键，对于电视、家具、空调等大型家用产品，很多人之所以选择线下购买，除了可以直接体验产品外，还因为线下门店可以提供方便快捷的售后服务。

以家用电器产品为例，在给予观众售后承诺时，主播可参考以下范本，如表 6-8 所示。

表 6-8　售后承诺范本

承诺项目	具体内容
×年内免费保修	A. 用户在本直播间购买的××产品可享受×年免费维修服务 B. 维修期内发生的维修，只收取配件费，最高不超过 200 元 C. 超过保修期的维修，按市场价格正常收费
免费安装	××公司为顾客提供免费送货上门及安装服务，如果顾客要求安装原配件之外的其他配件，按配件成本费收费
全生命周期服务	××公司将为购买××产品的顾客提供全生命周期服务，客服人员定期电话回访，售后人员上门服务
24 小时积极响应	××公司接到用户故障报修申请后，会安排售后人员在 24 小时内和用户沟通，协商具体的上门服务时间

6.3.4　流程四：刺激下单

好的产品需要用贴切的语言描述，因此主播必须使用准确的话语向观众传达产品信息，让观众了解产品的优势。在这方面，主播要掌握一些表达技巧。

◆第一步：为什么需要

销售产品时，直播必须站在顾客的立场考虑问题，将产品描述为对方需要的产品，把握顾客的购买心理。如果主播只站在自己的立场说话，沟通必然会出现问题。

在这个环节，主播要掌握三大核心要素，如图 6-13 所示。

（1）谁。谁是指主播要明确产品的目标客户群体，即主播要向谁传递产品信息。目标群体不明确，自然就很难产生良好的沟通。

（2）诱因。诱因是指顾客群体本身的渴望，即他们想要解决什么问题。

（3）需要。需要是指主播根据目标顾客群体面临的问题，帮助他们分析下一步需要采取的措施，了解他们真正需要的产品。

例如，当你卖护肤品时，首先要激发女性用户爱美的天性，帮助她们了解护肤的重要性，以及护肤品使用不当所产生的危害。

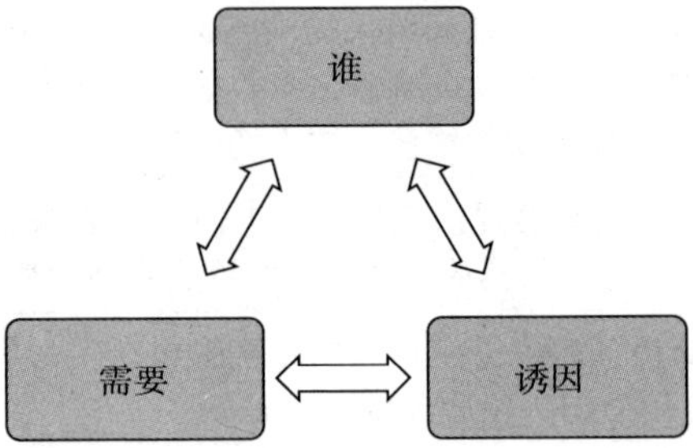

图 6-13 “为什么需要”的三大核心要素

销售话术：“护肤品的优劣直接关系到面部肌肤的健康，许多便宜的护肤品都会对身体产生危害甚至引发疾病，我们这款产品虽然价位相对较高，但它不会有任何隐患，不仅可以提升气色，还能烘托出您的气质与魅力，性价比很高，非常值得购买。”

◆第二步：为什么需要我

如果主播没有充分的理由，就无法激发顾客的购买行为。在这个环节，主播要掌握以下三大核心要素，如图 6-14 所示。

（1）我是谁。主播要向客户清楚地介绍品牌定位及产品类型，向顾客说明自己的优势。

（2）我的卖点。主播要向用户介绍产品的非凡之处，能为用户提供什么价值。

（3）我的资历。主播要向用户介绍自己的经验，能为用户提供什么类型的服务，从而获得顾客的信任。

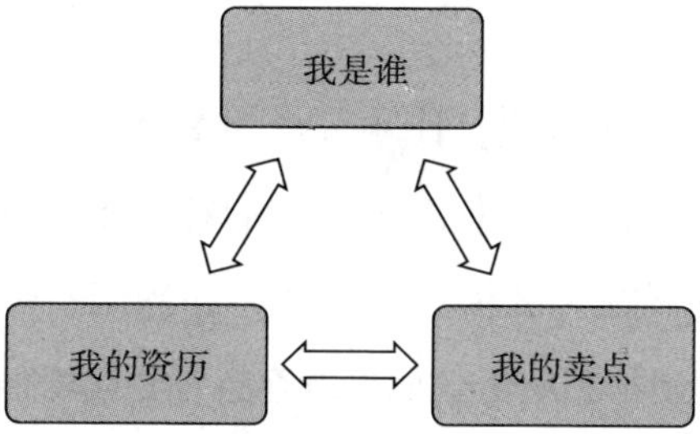

图 6-14 “为什么需要我”的三大核心要素

销售话术：“我从事鞋子销售已经很多年了，能够为每位顾客量身搭配最适合他们的流行款式，这双鞋子您穿上不仅显腿长、突出气质，还能显示个人档次。”

◆第三步：为什么需要现在行动

带货直播的目的是让顾客行动起来，尽快下单。因此，主播要为顾客提供充分的理由让其马上行动。

在这个环节，主播要掌握以下三大核心要素，如图 6-15 所示。

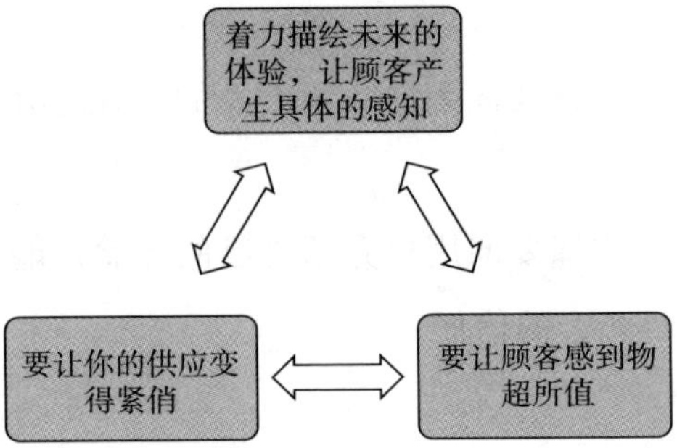

图 6-15 “为什么需要现在行动”的三大核心要素

（1）着力描绘未来的体验，让顾客产生具体的感知。即把顾客未来使用某产品的效果生动地表述出来，让顾客的购买欲望更加强烈，促使顾客尽快行动。例如，拍下顾客试妆后的照片，让她亲自体会产品效果。

（2）要让顾客感到物超所值。如果顾客感觉物超所值，自然会主动购买。

销售话术：“这套桌椅做工精细、时尚美观、质量上乘、经久耐用，虽然价格略高，但是几年平摊下来一天也不过几元钱。”

（3）要让你的供应变得紧俏。当一件产品限时、限量或限价供应时，顾客心中就会产生一种紧迫感，从而抓紧行动，尽快下单。

销售话术：“本次优惠活动中七折销售的商品仅五千件，售完为止，请大家从速选购，赶快行动吧！”

6.3.5 流程五：交付商品

◆卖家发货

买家下单付款后，接下来就是主播发货。这一环节涉及拆单。因为商品储存在不同的仓库里，有些商品需要当天发货，有些商品需要在 48 小时后发货，易燃或者贵重物品需要单独打包，因此拆单过程十分复杂，具体流程如图 6-16 所示。

（1）打快递单、打发货单、填写快递单号。在打印好快递单和发货单后，用曲别针将同一个订单的“快递单”和“发货单”装订在一起，仔细核对快递单和发货单的信息，确保万无一失。

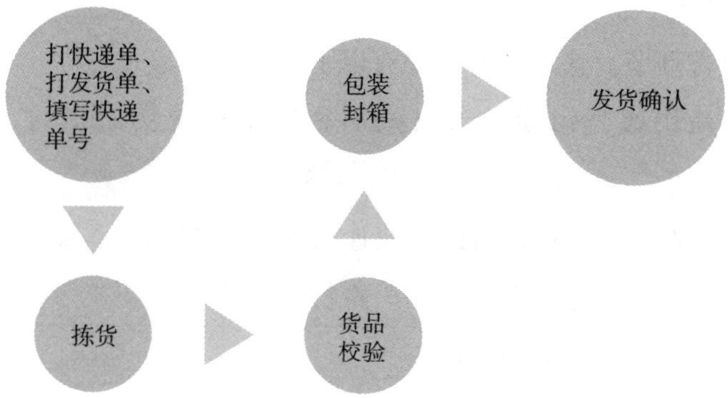

图 6-16　卖家发货流程

（2）拣货。拣货人员拿着装订在一起的发货单和快递单进行拣货，检查货品质量是否合格，并剪去多余线头（超出 5 毫米长度以外的线头必须剪去）。在挑拣好商品后将发货单、快递单和货品一起放进包装盒。

（3）货品校验。货品校验要注意以下五个步骤。

第一步：核对发货单信息，包括商品编码、规格（码数）以及数量。

第二步：核对快递单信息，包括收件人、联系地址以及联系方式。

第三步：核对货品。核对货品与订单产品图片是否一致。

第四步：检查货品质量。检查货品质量是否符合质量检测标准。

第五步：输入运单号。反复校验核对以上信息，确认无误后输入运单号、点击发货。

（4）包装封箱。包装人员在收到验货人员校验完成的包装盒后，将货品、发货单（给买家看的那张）、快递包装袋一同装进包装盒，贴上胶带封条（长度最好在 10 厘米左右，封条需平整、无气泡、压痕等）。再用快递包装袋包装好，贴上快递单。完成打包工作后，该包裹派送到指定区域，等待快递公司取货。

（5）发货确认。快递员来领取快递时，负责人要与快递员做好沟通，再次确认包裹重量（货品加包装重量）以及邮费，完成发货。

◆物流配送

（1）收寄环节。快递收寄主要有以下两种方式。

第一种是快递公司揽件人员按照客服指派或卖家预约，按时上门取件。

第二种是卖家把包裹亲自送到快递公司各大服务点。揽件员或者营业员按照运输安全条例检查交寄物品。寄件时，寄件人要出示身份证件，登记个人信息，以便做好倒查工作。

卖家寄送快递后，会即时生成与包裹有关的收寄信息，卖家可以随时查看快递的相关信息，包括收寄时间、寄达地点、包裹重量等。

（2）处理环节。对于需要寄送的包裹，各大快递公司有不同的处理方式。首先，快递公司会根据寄达地点、运输路线对包裹进行分类。部分公司在揽收服务点就开始处理部分运输路线的包裹，从而缓解处理中心的处理压力，减少包裹的经转时间。部分公司则是在各个区域建立处理中心，集中处理包裹，以提高包裹处理效率，降低处理成本。虽然处理方式各不相同，但处理原则基本一致，就是要平衡效益与时效之间的关系。

在这一环节中，买家可以看到商品进入或离开快递处理/分拨中心的具体时间。

（3）运输环节。处理完包裹后则要进入运输环节。快递运输主要分为干线运输及支线运输两种方式。干线运输承担着主要的运输量，负责包裹在省级或者大区级节点的来往运输；支线运输则按照干线就近原则，承担剩余线路的运输工作。运输工具主要包括铁路（邮政、韵达等）、汽车（各大快递公司都有）、航空（京东、顺丰、圆通等）、轮船（邮政、顺丰等包含国际收寄业务的快递公司）。一般来说，在运输过程中，国内各大快递公司（邮政、顺丰、京东、四通一达等）会灵活使用上述交通工具。

一般来说，出于安全考虑，快递公司不会公开运输车辆的GPS信息，因此买家无法查询包裹的GPS位置，只能看到包裹离开/进入处理中心或者投递网点的时间，据此推断包裹的运输情况。

（4）投递环节。“最后一公里”就是指将包裹送达买家手中的最后一环，是运输成本最高、可控性较弱的一环。因为可以直接和买家沟通，所以这个环节可以直接影响买家的取货体验。买家可以在网上看到快递投递时间和投递员信息，如果没有按时收到包裹，就会对快递公司产生负面评价，甚至会投诉，使快递公司乃至卖货主播的信誉受到不良影响。

◆订单完成

只有在客服提醒用户完成商品评价后，才算是正式完成一个订单。值得注意的是，即便买家确认收货，也可能会产生售后问题。如果买家提交售后申请，客服人员一定要妥善处理，以免造成不良影响。

6.3.6 流程六：留存复购

在顾客结束产品购买之后，主播可以通过留存复购使利润实现最大化。如果顾客觉得产品质量不错，物有所值，就会产生较高的满意度。如果产品还带有一些能够提升价值的小赠品，就能让顾客感觉物超所值，使复购率大幅提升。

赠品可以让买家享受到更优质的购物体验，所以大部分买家都喜欢购买附带赠品的产品。那么，主播在安排赠品时需要注意哪些事项呢？如图6-17所示。

（1）有时间和季节性。主播在选择赠品时要考虑时节因素，赠品必须与现在的季节相符，并且要注意它的即用性。只有这样，才能让买家感到这正是自己需要的产品，才能收获更多好评。例如，在冬天，主播在销售羽绒服时可以搭配一条厚厚的围巾；销售鞋子时可以赠送一双棉鞋垫等。

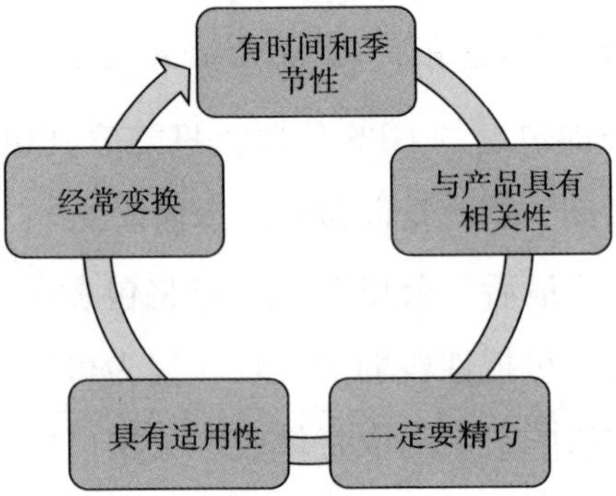

图 6-17　安排赠品的五大注意事项

（2）与产品具有相关性。店铺送出的赠品要与顾客所买的产品相关。例如，主播销售护肤品，可以将一些新推出产品的小样作为赠品，既可以通过提高产品价值获得买家好感，又可以有效宣传产品；主播销售手机，可以将耳机、手机支架、手机钢化膜等作为赠品；主播销售家居类产品，可以将毛巾、小毛毯作为赠品。总而言之，店铺要根据自己的实际情况，通过赠品来提高顾客的复购率。

（3）一定要精巧。赠品只有足够精巧，才会让买家感受到店铺的诚意，从而提高对店铺的好感。因此，主播挑选赠品时不能只关注产品的适用性，还要关注赠品的质量，使其具有一定的美感。只有精心挑选出来的赠品，才能让买家获得更好的购物体验，让买家主动晒图好评，并自发地向别人推荐，从而吸引更多顾客购买。

（4）具有适用性。想要让赠品对买家产生较强的吸引力，就要保证赠品的适用性，即要保证赠品具有较高的使用价值，获得买家青睐。为此，主播要多关注买家对产品的评价，找到买家中意的小礼品作为备选赠品，防止买家因赠品不适用对主播产生不满。

（5）经常变换。赠品本身也是一种小惊喜。对于那些经常借助赠品来推动成交量的主播来说，经常更换赠品可以让买家，尤其是老顾客感到惊喜，从而提高复购率。

第7章

成交转化：提升直播电商的转化率

7.1 优秀卖货主播促单成交话术技巧

7.1.1 提高语言说服力的六大技巧

如果想要让买家不仅愿意听主播推荐商品，更乐于购买这款商品，那么主播一定要总结出一套得心应手的推荐话术，让买家听到后就动心，动心后就购买。实际上，一位成功的主播也是一位出色的演讲家，用语言的魅力来俘获买家的心，让买家愿意掏钱购买自己推荐的商品。

买家不仅是想买商品，更是想买能解决自己问题的商品。说服力的目标在于抓住买家的问题所在。首先要有问题点，然后才是推销商品。最重要的是，主播要让买家认识到他的问题出在哪里，怎么做才能解决这件事，而且还必须让买家看到购买该商品所能获得的利益。

培养自己的语言劝服能力需要做些什么呢？买家购买商品的主要目的是希望这款商品能够解决自身存在的一些问题。因此劝服买家的关键点在于明确买家的关注问题。主播首先要有问题意识，知道买家在困惑什么，然后向买家推荐合适的商品。至关重要的一步是让买家感受到主播抓住了他们的痛点，能帮助他们答疑解惑，最终让他们获得购买商品后的各种好处。

想要让买家愿意观看自己的卖货过程，主播需要从以下六个方面着手准备，如图 7–1 所示。

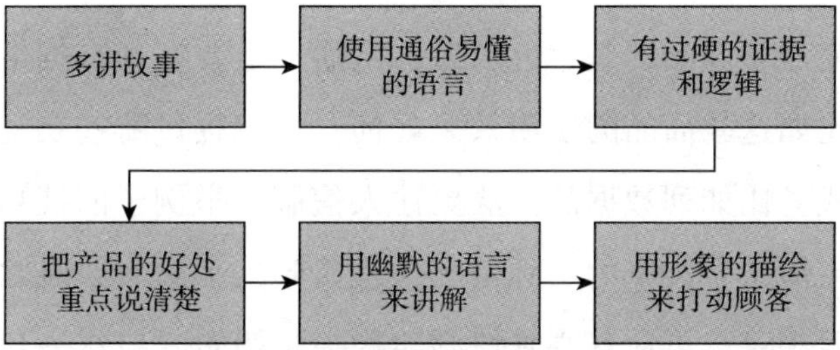

图 7–1　提高语言说服力的六大技巧

（1）多讲故事。用讲故事的方法巧妙推荐商品是一种不错的途径。在讲故事过程中，主播巧妙引出商品的核心卖点或者独特优势，在吸引买家关注的同时，更能让买家对这款商品留下深刻印象，产生极大兴趣。讲好故事才能敲开买家的内心大门，拉近与买家的心理距离，激发买家的消费欲望。“成熟的团队讲故事，成功的团队卖文化”，一则打动人心的小故事胜过千言万语的纯商品介绍。

（2）使用通俗易懂的语言。通俗易懂的语言最容易被大众所接受。因此，主播在语言使用上要多用通俗化的语句，要让自己的观众听得懂。主播对产品和交易条件的介绍必须简单明了，表达方式必须直截了当。表达不清楚，语言不明白，可能会产生沟通障碍，便会影响商品成交。主播还应该了解每个顾客所特有的语言和交谈方式。平易近人的语言更能打动人心。因此，主播在直播卖货过程中要多使用简单易懂的语言，这样买家才会明白商品卖点在哪里。主播必须清晰简单地介绍商品功能和交易条件，直截了当地告知买家购买方式和商品链接。一旦不清不楚地表达，就会让买家产生误解，出现沟通障碍，继而影响买家后续的购买行为。同时，不同的买家拥有不同的说话风格，因此，主播要针对不同的买家采取不同的互动方式。一个成功的主播首先要用买家听得懂的语言来卖货。

（3）有过硬的证据和逻辑。只要证据够足、逻辑够硬，则不怕说服不了买家。主播每推荐一款商品，都一定要向买家传递一个明确的中心思想或者基本诉求，告知买家这件商品能够带来什么好处、满足哪些需求。

在介绍完这款商品的基本诉求后，主播一定要有理有据地回答买家提出的疑问，比如这款商品的使用效果如何？可以提供哪些功能？这时可以采取多种方式。比如列数据的方法更让人信服，举例子的技巧则更加贴近买家生活。主播结合买家的实际情况条理清晰地去解释，晓之以理，动之以情，先说服买家，再让其心甘情愿地购买。例如，"口红一哥"李佳琦在推荐商品时，总会针对买家的实际生活进行针对性介绍，并且亲自体验。什么样的口红体现少女气息？什么样的口红适合夏天涂抹？什么样的口红不掉色？这种有理有据、现身示范的做法胜过空洞浮夸的推销说辞。

（4）把产品的好处重点说清楚。影响买家购买产品最主要的一点是他们能不能知道购买产品后对自己有什么好处。因为在使用产品之前，买家只能从说明书上了解一些相关的抽象概念。这时候，需要主播用言语来包装产品。主播要学着"扬长避短"，重点描述该产品能够为买家观众带来的帮助，这样才能激发买家的购买欲望。

销售要打动买家的心、抓住买家的心，才能让买家掏钱。如果主播不善于言辞，那么几乎不可能抓住买家的心。主播要学会关心买家，找到他们关心的话题，然后有的放矢地与买家交谈。每个卓越的主播都是"铁齿铜牙"，都有一张无所不能的嘴。因此，主播锻炼好自己的语言表达能力和说服能力是销售过程中的关键一环。

只有让买家体会到购买商品的实际好处，才能让买家乐于接受这款商品。主播卖货的过程是把抽象的商品说明用生动幽默、翔实有效的语言传递给买家的过程。这不仅需要主播用言语让买家真切认识到这款商品是什么，更要在介绍商品时扬长避短，重点突出商品优势，在短时间内唤起买家的购买欲。

由此可见，主播的语言表达能力和劝服能力是直播卖货的必备能力。只有抓住买家的心，才能让买家乐于掏钱。在卖货过程中，主播首先要明确买家关心的话题有哪些，给予买家适时的关心和爱护，然后有的放矢地与买家互动。越是擅长交际的主播，越是受到买家的青睐。能说会道是主播卖货的关键法宝。

（5）用幽默的语言来讲解。买家更喜欢关注一个幽默风趣的主播，而不是一个呆板无聊的主播。主播学会使用幽默风趣的语言，即是掌握成功卖货的秘诀。正如著名营销专家奥里森 · 马登说过："幽默是思想、学识、智慧和灵感在语言运用中的结晶，是一瞬间闪现的光彩夺目的火花。"幽默的谈吐会给买家留下深刻的第一印象，买家在会心一笑的同时，也会对主播所推荐的商品和服务产生好感，激发买家购买欲，从而提升商品交易的可能。

（6）用形象的描绘来打动顾客。如果主播在卖货过程中能够用更生动形象的语言描绘商品，为买家勾勒使用该商品后的美好前景，则更容易触动买家内心。比如主播在推荐一款时装时，要让买家感受到穿上这一款时装不是为了照顾你的生意，而是主播在成全买家的美丽。虽然两者最终目的都是让买家选择主播的商品，但是显然后者更能让买家动心。

7.1.2 提升语言亲和力的五种思路

在直播卖货过程中，主播如果能够向买家敞开心扉，与粉丝坦诚交流，主动表达自己的真切感受，那么买家也会体会到主播的真情实意，从而愿意相信主播所推荐的商品。

很多主播刚起步时，要么过于拘谨约束，不敢表达自己的真实感受；要么过于"放飞自我"，直播表演浮夸空洞，这些都与真实表达自我的出发点背道而驰。

如果主播只是单纯地介绍商品，语言缺乏亲和力，这样枯燥呆板的卖货方式打动不了观众。主播可以根据自身条件，用或激情四射或温婉知性或爽朗豪放的语言让买家相信主播的善意与友好，这样才能让买家青睐主播的商品，才能获得不俗的销量。

想要提升语言亲和力，主播可以采用以下五个小技巧，如图 7-2 所示。

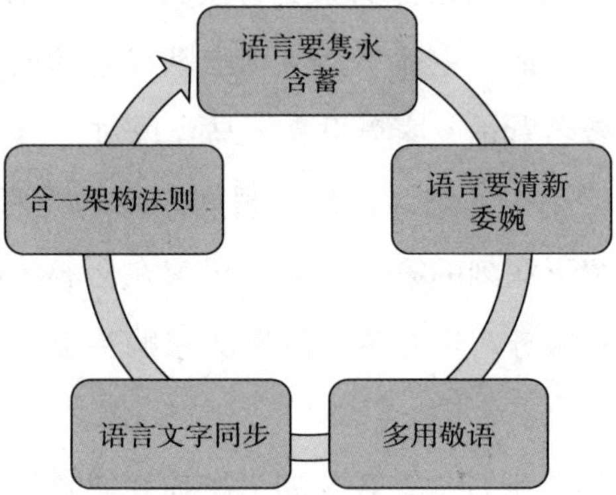

图 7-2　提升语言亲和力的五个小技巧

（1）语言要隽永含蓄。在卖货过程中，开门见山地向买家直接介绍商品并不是上上之选，这种方式很难引起买家的关注。如果每一位主播的卖货过程都毫无技巧、千篇一律，即使推荐的商品再有品质，也很难激发买家的购买欲望。

这需要一种更加含蓄隽永的表达方式。用含蓄、温柔取代直白、粗犷，在卖货过程中主播既要不断提醒买家赶快下手抢货，也要暗示推荐的商品数量有限，先到先得。主播只有层次分明、详略得当地处理好推销与互动的关系，才能让买家在与主播的互动中不知不觉地接受其商品，体会到犹抱琵琶半遮面的乐趣。

（2）语言要清新委婉。一个优秀的主播能够给买家带去温暖与希望，因此主播说话要委婉温暖、鼓舞人心，让买家在与主播的互动中感受到愉悦与舒适。主播可以在语言表达中适当地加入一些结尾语气词，比如“吗”“哦”“嘛”等，让语气显得不那么生硬平淡，如同在与买家平等地商量讨论一般。如果主播想要向买家提点建议，不要粗暴地直接说“我认为你的观点不对”，而是应该委婉地表示“我觉得朋友你是不是应该再考虑全面一点呢”，给买家留有一定让步的余地，避免使买家对其产生反感。如果主播无法满足买家提出的要求，可以试着不动声色地转移话题，顺势提出一些新的建议。

（3）多用敬语。在与买家交流过程中，主播要有礼貌，懂分寸，多使用敬语。比如“谢谢”“请”“不好意思”都是提高买家好感度、与买家建立和谐关系的有力武器。虽然只是简单地多说几句敬语，但是很容易让买家对主播产生不错的第一印象，让买家的内心感到舒适，提升主播在买家心目中的地位与价值。这不仅是主播良好修养的体现，也能帮助主播获得更多买家的信赖，提升商品销量。

想要拉近与买家的心理距离，想要获得买家的好感与信赖，需要让买家在直播间内体会到宾至如归的感觉，体会到主播的关心和问候。如果主播与买家建立融洽友好的互动关系，那么卖货过程会变得更加轻松。

（4）语言文字同步。所谓的语言文字同步，是用买家的惯用语来介绍自己的商品。每个人都会有自己独特的语言风格，各自使用的惯用语与口头禅也大不相同。有些买家喜欢使用专业术语，有些买家更喜欢接地气的文字。因此，主播在推荐商品时，要多加留意买家在屏幕上的留言，总结归纳自己粉丝喜欢使用的惯用语或口头禅，以迎合买家的喜好，实现与买家的语言文字同步。

举个例子，李佳琦喜欢从综艺节目中挖掘时下的流行语，他自身也会反复提炼自己的口头禅，比如“oh，my god”“这也太好看了吧”，在直播过程中多次使用会让买家感到熟悉，每次听见都会有亲切的感觉。

（5）合一架构法则。合一架构法则是帮助主播提高买家关注度、吸引买家注意力的不二法宝。所谓的合一架构是指无论买家向主播提出什么反对意见，作为主播都不要使用“但是”“可是”“就是”等反驳性语言，而是要运用“我尊重您的……同时……”“我理解您的……同时……”“我感谢您的……同时……”等句式。每当买家在屏幕上的留言流露出抗拒态度时，主播首先要做的应该是认可买家的意见，然后在此基础上委婉地提出自己的想法，化解买家的抗拒心理。例如，在直播卖货过程中，有买家对主播推荐的××羽绒服价格提出质疑，认为定价过高。主播不能当即反驳该买家的观点，而是应该说“我理解您的想法，觉得羽绒服不应该卖得太贵。同时拿我们家××羽绒服来说吧，一般的羽绒都是质量太次的灰鸭绒，我们推荐的这款用的是质量上等的白鹅绒，保暖性好，质量还轻，耐穿时间也长，实际上一点也不贵”。

7.1.3 直播卖货常用话术技巧大全

最新数据显示，淘宝平台目前每天都会出现1000名新主播，而且这个数量仍在不断攀升。在这些新人主播中，之前从未涉足过直播业务的主播占比极大。对于这些主播，掌握一些直播卖货的常用话术非常重要。

◆问题一：××号宝贝试一下？

分析：粉丝提出试穿要求，说明粉丝对产品非常感兴趣。

话术：××（粉丝昵称）小姐姐，点击关注，××（主播名字）马上试穿哦！

◆问题二：身高××能穿吗？体重××能穿吗？

分析：粉丝报出自己的身高、体重，说明粉丝已经产生强烈的购买意愿。

话术：××（主播名字）的身高是××，体重××斤，小姐姐可以参考一下！我们这款衣服有不同的尺码，根据您的身高、体重，建议您拍××码。

◆问题三：有秒杀吗？有抽奖吗？能改福利价吗？

分析：提出这些问题的粉丝希望获得一些小实惠，如果主播能满足他们的这一需求，就能将其发展为直播间的常客。

话术：今天××号宝贝在××点有秒杀活动，优惠力度非常大，小姐姐先加入购物车，到点拍下。因为是福利款，所以不是粉丝不发货！如果小姐姐还没有关注主播，点击右上角（左上角/正上方）的关注哦，我们每天都有福利！

◆问题四：××号宝贝多少钱？有没有优惠？

分析 1：提出这个问题的粉丝有比较强烈的购买意愿，但可能比较懒，不愿意自己查看价格，需要主播耐心解答。

话术：××号宝贝可以联系客服领取优惠券（下拉到详情页点击有主播头像的图片领取优惠券），这样到手价是××元。优惠券数量有限，喜欢的宝宝抓紧领取下单！

分析 2：提出这个问题的粉丝没有养成看直播印记的习惯。

话术：宝宝，滑动屏幕可以看到各个宝贝的优惠信息哦！这个宝贝可以领取优惠券，这样到手价是××元。优惠券数量有限，先到先得，宝宝喜欢的话赶紧领取哦！

◆问题五：宝贝怎么领取淘宝直播优惠券？怎么购买？

分析：提出这个问题的粉丝已经准备购买，所以主播要亲自演示如何操作。

话术：现在我给大家演示一下如何领取优惠券，如何购买。先……然后……点击立即购买，支付成功表示购买成功。

◆问题六：××号跟××号比，哪个更好？

分析：很多人在选购产品时都会纠结，看到这个问题，主播要明确地告诉粉丝这两款宝贝分别适合哪类人，然后询问粉丝的实际情况，再给出明确的建议。

话术：××宝贝适合什么样的人，××宝贝适合什么样的人，小姐姐可以告诉我你属于哪个类型吗？

◆问题七：主播身上的衣服是几号？

分析：虽然这个粉丝提出的问题没有什么价值，但主播仍要耐心回答。

话术：××（主播名字）身上穿的是××号，每件衣服都有对应的号码哦，滑动屏幕可以看到优惠信息！

◆问题八：××产品有吗？比如有连衣裙吗？有半身裙吗？

分析：提出这个问题的粉丝比较懒，需要主播耐心引导。

话术：小姐姐可以点开左下角（右下角）的购物袋，里面有很多连衣裙，可以自己挑选哦，现在都是秒杀价，价格非常优惠！

淘宝直播的话术还有很多，需要主播通过实践不断积累，以形成一套属于自己的话语体系，提升自己的亲切感，增强自己对粉丝的吸引力。

7.2 提高直播卖货转化率的四大策略

7.2.1 策略一：精心提炼商品卖点

在卖货过程中，主播提炼出的销售卖点直接影响到销售业绩。如果卖点有吸引力，那么自然不愁销量，反之则销量惨淡。想要提炼出最具商业价值的卖点，主播可以从以下四个角度去思考，如图 7-3 所示。

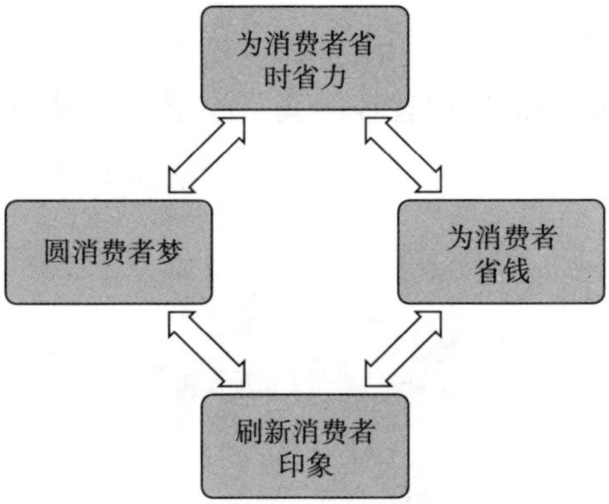

图 7-3　提炼商品卖点的四个维度

◆为消费者省时省力

将追求方便、使用快捷作为商品卖点来宣传是行之有效的策略，可以通过下述 2 个例子进一步阐述。

例如，在推荐一款面膜时，主播首先告诉买家，“人的肌肤需要精心呵护，如果想要没有皱纹，没有斑点，就需要补充多种营养元素（比如维生素××，胶原蛋白等）”。买家听到这里后会感觉皮肤护理很麻烦。这时，主播顺势告诉买家有一款××面膜蕴含胶原蛋白等营养物质，能够滋润皮肤，具有美白、控油、祛痘等功能。如果仅一片面膜便能简单有效地呵护皮肤，买家一定乐于购买该商品。

如果是推荐跑步机，主播也要从为买家省时省力的角度制定合适的商品卖点。可以先帮买家算一笔账，如果去健身房需要一笔不小的费用，而且如果工作繁忙或者特殊天气不愿意去，不仅浪费了钱，也耽误了健身。如果能够用同样甚至更少的开支买一台跑步机，不仅可以随时在家锻炼，无须出行，节约时间，而且全家人可以一起用，培养锻炼的好习惯。

◆为消费者省钱

买家都青睐能够帮助他们省钱的卖货主播。商品的核心卖点中一定少不了提到商品的高性价比。一般有两种方式帮助买家省钱（见图 7-4）。

图 7-4　为消费者省钱的两种方式

第一种是强调商品价格低廉。可以通过促销活动宣传价格优势，也可以与其他商品比较体现出所推荐商品的价格便宜。例如，告知买家今天是××节日，××品牌为回馈消费者进行促销活动，平日里卖到 500 元的商品活动期间只要 300 元。再进一步举例，这款××口红，虽然名气比不上迪奥、YSL 等国际大牌，但质量不比它们差多少，更关键的是价格实惠，用只相当于迪奥五分之一的价格便可以买到媲美迪奥的品质。通过这种宣传方法相信消费者一定会动心。

第二种是帮助买家合理花钱，避免把钱花在不必要的地方。主播可以告知买家，“自己与厂家合作，直接从厂家拿货，没有中间渠道的加价，因此价格实惠”“买家购买的数量越多，享受的优惠力度越大” 等。

◆刷新消费者印象

主播想要在竞争激烈的众多卖货主播中脱颖而出，成为备受买家关注的头部卖货主播，少不了创新。没有任何一个买家喜欢一成不变、毫无特色的商品。一款商品只有带给买家特殊惊喜，刷新买家旧有印象，让买家感受到商品的与众不同，才能让买家愿意掏钱购买。

在大家认知中，大白兔奶糖是童年的味道。因此当主播推荐一款大白兔奶糖味香水时，一定会唤起买家们的怀旧情绪，并且让大家刷新认识，非常好奇奶糖味香水的味道。另外，如果能赶在六一儿童节前后借势营销，一定会取得更好的销量。

在竞争激烈的美妆行业，让买家的视线聚焦在自己推荐的化妆品上并不是件容易的事。如果主播想要向大家介绍一款口红的安全性，可以强调这是一款“可以吃”的口红。如果一支口红可以“食用”，还需要担心它蕴含有毒物质吗？消费者自然相信这款口红是值得购买的放心产品。

◆圆消费者梦

买家希望通过购买商品来满足自己的需求，弥补生活中的遗憾。如果在商品卖点中可以准确地洞悉买家需求，帮助买家弥补遗憾，主播所推荐的商品一定会大受欢迎。

裙子主要的购买群体都是女性学生。实际上许多普通女孩子都希望遇见自己的“白马王子”，拥有一段美好的感情。因此主播可以强调每个女孩子都有变美的潜质，只是缺少一条合适的裙子凸显自己的美丽，就像“丑小鸭变白天鹅”一样。

7.2.2 策略二：分享产品使用体验

现在的“90 后”都希望在消费产品和获得服务时，得到相应的情感体验。因此，想要吸引他们的注意力，必须让他们觉得这件产品足够有趣、足够新奇，能够带来一种全方位的感官感受。因此，想要更有效地激发用户的购买欲望，促使用户尽快下单，主播必须把产品的使用体验分享给用户，使用户更直观地去了解产品的功效。主播在分享产品使用体验时应该注意哪些问题呢？如图 7-5 所示。

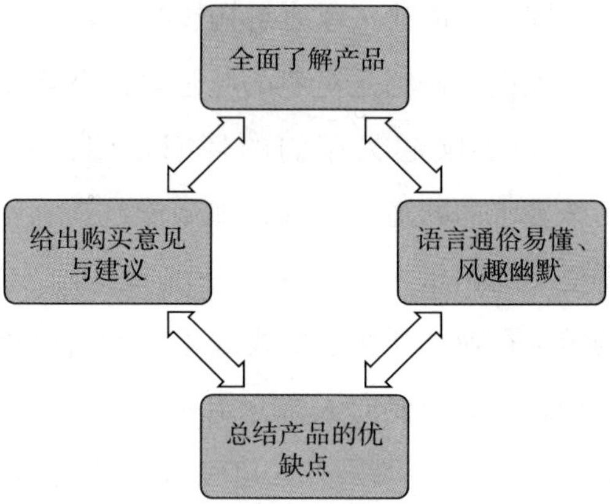

图 7-5　主播分享产品使用体验需注意的四大问题

（1）全面了解产品。主播在分享产品使用体验之前必须全面了解产品，熟悉产品的材质、配方、功效、使用方法等。例如，主播要为粉丝分享几款适合夏天使用的面膜，必须了解这些面膜的成分，是否含有防腐剂、荧光剂，核心成分是什么，有什么功效等，这些是消费者最关心的问题。如果主播要为粉丝推荐一款电子产品，必须了解这款产品的核心卖点与特色功能，掌握各个功能的使用方法，将其全面展现出来。

（2）语言通俗易懂、风趣幽默。主播在为粉丝分享产品使用体验时，要使用通俗易懂的语言，尽量少用、不用专业术语，以降低用户的理解成本。例如，在分享面膜的使用体验时，如果主播要介绍面膜的成分，最好加上功效作为解释说明。这款面膜采用的是活性炭面膜布，能够吸出皮肤毛孔中的脏东西，使用后会让皮肤看起来更加白嫩透亮。而且这款面膜添加了小分子玻尿酸，能够让皮肤吸收后更加水润，具有很强的补水功效。活性炭、玻尿酸属于专有名词，美妆新手对其功能可能不太了解，所以主播要进行解释说明。

（3）总结产品的优缺点。分享完产品使用体验之后，主播要对产品的优缺点进行总结，语言要精准、凝练。例如，主播在分享面膜使用体验时，可以这样总结：如果最高评分为5颗星，那么这款面膜的美白指数是3颗星，保湿指数是4颗星，推荐指数是5颗星；或者这款面膜的美白指数是4颗星，保湿指数是5颗星，推荐指数是4颗星。为产品设置几个标准，通过打分让粉丝对产品功能做到一目了然。

（4）给出购买意见与建议。分享完产品使用体验之后，主播要给出购买意见或建议。仍以面膜分享为例，主播可以这样给出建议：××家的这款面膜保湿性较好，建议皮肤比较干、急需补水的小伙伴入手；××家这款面膜的美白效果比较好，建议想要美白的小伙伴入手；××家这款面膜清洁功能非常强大，建议脸上有黑头、角质比较多的小伙伴入手等。主播给出的购买意见或建议必须精准明确，能够产生切实的指导作用，引导粉丝做出购买决定。面对面向用户分享产品使用体验，让用户直观地看到产品的功能与功效，做出科学的购买决策，是直播电商的一大优势。需要注意的是，分享产品使用体验只是手段，激发消费者的购买冲动，引导消费者做出购买决定，完成转化变现才是最终目的。所以，在分享的最后，主播必须给出购买意见与建议，促成交易，提高转化率。

7.2.3 策略三：购物袋商品设置

买家进入直播间后，不但会关注主播及其所推荐的商品，而且会打开位于该直播间左下角的购物袋，看看有没有想要购买的或是优惠力度大的商品。如果买家在快速浏览过购物袋里的商品后没有产生购买兴趣，便会立即离开该直播间。因此购物袋的商品设置会直接影响到该直播间的关注人数，乃至最终的商品销量。

◆热门商品

热门商品通常位于购物袋的第一展现位，是购物袋的1号宝贝，如图7-6所示。

通常购物袋中的第一个产品是该直播间这次直播活动中的主推商品或

者是优惠券，也是主播创建直播预告时首先上传的第一个商品，在直播结束后也会作为回放视频的封面广告出现。例如，薇娅 2020 年 1 月 12 日的直播节目中，放置在购物袋首位的商品是此次大力推荐的畅销书《薛兆丰经济学讲义》，并邀请到薛兆丰教授本人来直播间宣传。方太厨具直播间则把 0.1 元特权包放置在购物袋首位。

一般而言，放置在购物袋首位的商品一定要能够吸引尽可能多的目标群体，这样才能获得更多的市场销量，留住直播间内随进随出的流动买家。放置在购物袋首位的商品可以分为两种情况：一种是在重要节日时按照节日需求推荐热门商品，例如三只松鼠直播间在春节前后大力推荐年货坚果大礼包，符合买家购买年货的想法；另一种是时下最流行的爆款商品，由于其具有较高的市场热度和欢迎度，迎合买家的喜好，因此销量不错。

图 7-6　购物袋中的“热门商品”

如果此次直播活动的目标受众是自己的忠实粉丝，还可以大力推广新品。忠实粉丝对直播间的认可度更高，商品转化率也更高，因此可以利用忠实粉丝为新品做宣传。

◆末尾商品

末尾商品可以聚焦注意力，灵活调整，持续添加，如图 7-7 所示。

位于首位主推商品之后的便是末尾商品，由于其处在购物袋的第二位，一般也是主播正在推荐的商品，因此是聚焦买家视线的黄金位置。商家或是达人在一次直播活动中不会把所有要推荐的商品一次性添加完毕，而是在直播过程中陆续添加。而处在买家视线的黄金位置上的末尾商品，是跟随商家或是达人的讲解进度而变化的。主播推荐商品的时长决定末尾商品的停留时间。在开始推荐下一款商品后，主播会把新的商品放置在末尾位置。

图 7-7　购物袋中的“末尾商品”

这种添加方式一则不会让买家产生视觉疲劳，不会只聚焦在同样商品上；二则能够提高粉丝的停留率和二次回访率。平台方在计算直播间的关注度权重时，粉丝停留率与粉丝二次转化率占有极其重要的权重比例。比如，在直播过程中，有的买家对 5 号商品更感兴趣，可是主播正在介绍 3 号商品，此时，如果买家在直播间内停留到主播讲解 5 号商品时，这便提高该直播间的粉丝停留率；如果买家先行离开，等到推荐 5 号商品时再次进入直播间，这便提高该直播间的粉丝二次转化率。

因此，在主播讲解商品的直播过程中陆续添加商品的做法，远胜过一次性全部添加完所有商品。

◆中部商品矩阵

安排商品的上架顺序需要精心设计好中部商品矩阵。下面列出三种效果不同的中部商品矩阵布局：第一种是将不同种类的商品多元化、差异化地放置，让有不同需求的买家可以在购物袋中找到自己感兴趣的商品类型；第二种是按照商品搭配方式调整商品顺序，把组合性与关联性强的商品放置在一起，不仅可以单独卖出商品，而且有助于商品的组合销售；第三种是将同种类的商品集中放置，不仅会增加买家的选择困难，也容易让买家在收看直播节目时对同质化内容失去耐心，购买欲望消失，如图 7-8 所示。因此，在打造中部商品矩阵时，要更注重商品排列的差异化与层次性。

◆利益点短标题

购物袋内每新增一个商品，都可以自定义地输入有关该商品的标题内容。利益点短标题是买家了解商品的“眼睛”，它要简明扼要地突出商品卖点，例如“××件限量”“××元清仓包邮”“前××名半价”等。利益点短标题多使用红色来吸引买家的第一视线，与此同时要注意与使用黑色字体的商品标题内容相区分，避免同质化重复，如图 7-9 所示。

图 7–8　中部商品矩阵排列的三种形式

图 7–9　短标题的拟定方法

◆**商品封面图**

购物袋内的商品封面图一般都不大。如果商品封面图不能明确体现出商品主体，买家很难看清楚所推荐的商品外观，自然会降低对该商品的信服度。因此，笔者有以下两点建议：第一，图片背景要干净。单个商品多使用纯色系背景，如果需要模特展示商品，也要注意不要喧宾夺主；第二，商品放置在图片中间，占据至少 1/3 的面积。只有商品封面图足够大、足够显眼，才能让买家明白你卖的是什么商品，如图 7-10 所示。

图 7-10　商品封面图设计

7.2.4　策略四：让观众产生临场感

所谓临场感，是让用户在观看直播带货时，能够有一种身临其境的感觉。主播可以通过细致的场景描述、细节描述、人物描述等增强用户的临场感。

◆营造使用场景

用户购买产品最终目的是满足自己的使用需求。因此，主播必须为用户营造出产品使用场景，让用户能够更真切地了解产品的相关功能，从而激发用户的购买欲望，使用户感到这件产品就是自己需要的物品。

因此在直播时，主播要将营造使用场景作为带货技巧。此外，这种场景化营销，有时也会激发用户的需求，让本没有使用需求的用户产生购买欲望，进而做出购买决策。

主播在为不同产品带货时，都可以借助营造使用场景的方法。举个例子，当主播在卖拖把时，除了主播本人向观众认真讲解拖把的优点外，主播助理等工作人员还可以在直播间现场展示拖把的功能。比如，主播介绍拖把功能时说道："这款拖把能够旋转 360 度，即便是卫生死角，它也能打扫得很干净。"此时，助理可以在某个墙角倒点碎垃圾，然后用拖把去打扫干净。

毋庸置疑，这很好地体现了使用场景的营造。当观看直播的观众发现这款拖把功能如此强大时，即使家中并不缺拖把，也会在主播的影响下去购买这款拖把。但如果在直播带货过程中，并没有工作人员去现场展示拖把的功能，也没有营造出使用环境。那么即使主播将自己的拖把描述得再好，也只会让观众感到主播在吹嘘夸大，从而失去观看直播的兴趣。

主播营造使用场景时要坚持真实性原则，一切按照产品的实际情况去直播，不能为引起观众注意而夸大产品的使用效果。只有这样，才能使主播保持良好的信誉，同时使直播平台获得长期发展。需要注意的是，营造出的使用场景只是对真实场景的一种模拟，并不是现实生活中的实际场景。

注意：主播营造使用场景是为了让观众对产品有更全面的认识，从而勾起观众的购买欲望。这是主播直播时非常重要的带货方法，必须加以重视。

第8章

淘宝直播：商家直播带货实战攻略

8.1 卖货须知：淘宝直播操作教程与规范

8.1.1 直播“浮现权”的开通教程

淘宝店铺申请直播浮现权可以提升自己的排名。有些店铺申请直播浮现权没有通过，原因是什么？店铺应该怎样申请开通浮现权？下面对这些问题进行具体分析。

（1）店铺申请直播浮现权不通过的原因有哪些？

店铺申请直播浮现权不通过，大致有以下四大原因，如图 8-1 所示。

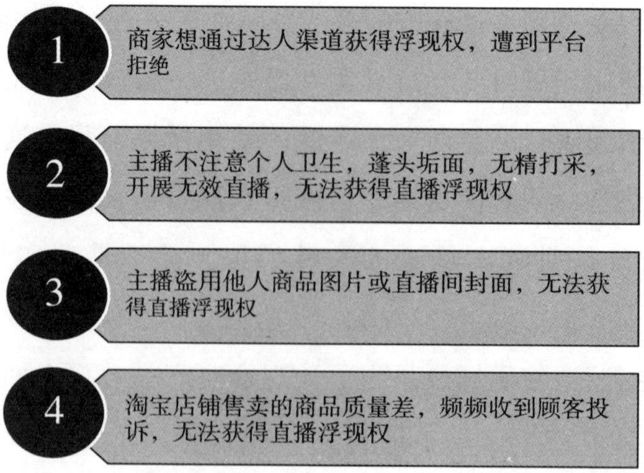

图 8-1　店铺申请直播浮现权不通过的四大原因

（2）淘宝店铺直播浮现权的考核周期是多久？

淘宝店铺直播浮现权考核从每年的 3 月 1 日开始，每隔 15 天考核一次，具体内容如表 8-1 所示。

表 8-1　淘宝店铺直播浮现权考核

考核指标	具体内容
考核范围	淘宝店铺直播浮现权的考核对象为拥有直播发布权限 15 天以上的主播，在考核周期内近 15 天发布过 5 次以上超过 30 分钟直播作品的达人主播，非机构主播不纳入考核范围
考核数值	每场直播观看人数超过 50 人，人均观看停留时长 0.5 分钟。这些数值为暂定数值，可能会有变化。变化之前，平台会发布通知。考核结束，平台会按照从高到低的顺序奖励排名前 100 名的主播

（3）淘宝店铺申请通过直播浮现权可采用什么技巧？

第一，直播间的封面必须整洁。不同的直播类目封面要求不同。但无论何种类型的直播，直播间封面都必须整洁，没有合成图，没有标语。

第二，整洁的直播间。直播间内部环境必须整洁，不堆砌杂物，不乱摆乱放。如果主播不知道如何布置直播间，不妨使用纯色的墙壁或窗帘。

第三，与粉丝的互动。主播与粉丝的互动会直接影响到粉丝对主播的信任，甚至会对转化率造成一定的影响。所以，在直播过程中，主播必须及时回答粉丝的提问，及时响应粉丝的要求，获得粉丝的信任。

第四，优质的商品。商品质量直接关乎直播质量，如果直播间售卖的产品质量低劣，经常收到客户投诉，就很难顺利通过直播浮现权的申请。

8.1.2　“直播切片”功能使用教程

随着电商直播越来越流行，很多淘宝商家进入直播行列，导致直播间的内容过多、过于分散。很多淘宝主播都因不能单独录制、发送视频无比沮丧。为解决这一问题，淘宝平台推出了淘宝直播切片功能，支持主播将一段自认为比较好的直播内容单独剪辑出来，进行多渠道分发，例如发送到商品详情页、猜你喜欢、必买清单、爱逛街、微淘等。对于商家来说，使用淘宝直播切片功能不仅可以让直播内容实现二次利用，还能为商品添加更加个性化的讲解，提高商品的购买率、成交率。

那么，淘宝直播切片功能如何使用呢？

◆淘宝直播切片功能的使用步骤

淘宝直播切片功能的使用需要遵循以下几个步骤，如图 8-2 所示。

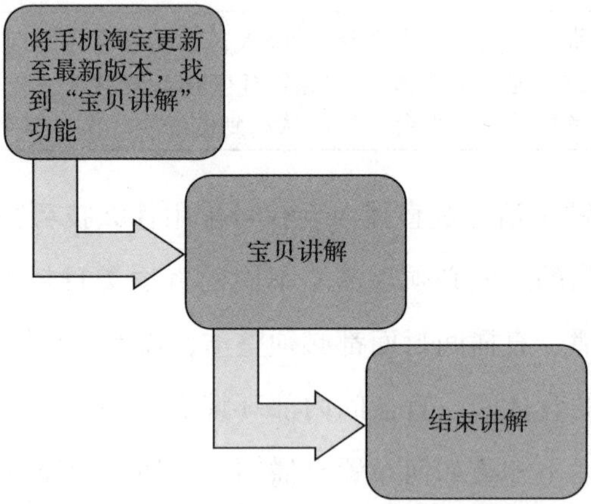

图 8-2　淘宝直播切片功能使用步骤

第一步：将手机淘宝更新至最新版本，在主播端底部找到“宝贝讲解”功能，点击进入宝贝选取列表。选择好要讲解的宝贝之后，主播端界面会出现“正在讲解”的提示，用户端界面会在顶部出现“主播要开始讲啦”的提示。

第二步：宝贝讲解。在讲解之前，主播要提前准备好讲解内容，除此之外，还要注意以下几大事项。

一是在讲解过程中，主播要保持高度专注，所说内容必须与商品有密切关联，例如商品的材质、用法、卖点、体验等。二是讲解时间最好控制在3~5分钟，主播要讲述自己使用这款产品的前因后果，描述使用这款产品的真实感受。三是产品讲解不是产品促销，禁止使用“特别好用”“只卖××元”“限时秒杀”等语。四是一场直播最多只能发10个切片，主播要精心选择，不要浪费。五是讲解内容必须与直播标题一致，例如直播间显示“主播正在讲解××净水机”，主播讲述的内容必须与净水机有关，否则可能要面临被封号的风险。

第三步：结束讲解。将所有内容讲完之后，点击“结束讲解”，系统会将这段内容自动保存下来。用户在浏览直播间的宝贝列表时点击“直播和回放”，就能看到这段讲解。

◆内容规范

主播利用淘宝直播切片功能录制的内容必须符合规范，具体如表8-2所示。

表8-2 淘宝“直播切片”的内容规范

规范指标	具体要求
商品	品控必须符合直播间的基础规范；品类要尽量做到多样化；数量不能超过10个，因为目前一个直播间最多录制10个宝贝讲解
商品封面图	选择商品时要特别注意第一张商品图片，不能出现违规字样，也不能出现“秒杀”等字样
专注讲解	在讲解商品时必须专注，不能顾左右而言他，福利提醒不能超过2次，而且要说明使用期限
话术	商品讲解要遵循一定的话术。开场时可以先介绍产品背景，例如店铺信息、品牌信息等。讲解过程中要多描述一些肉眼看不到的特质，例如触感、味道、使用感受等。结束时要说明购买方式，引导受众购买或关注自己

8.1.3 “直播看点”功能使用教程

为提升商品转化率，优化用户的购买体验，淘宝平台面向所有商家、主播推出了“直播看点”功能。下面对这项功能的优点与使用方法进行详细介绍。

◆“直播看点”的功能

对主播：在直播过程中，主播每讲解一个商品，都要在中控台为这个商品打上“标记看点”符号，平台会根据主播的这一行为生成“直播看点”，引导消费者下单购买，提高商品的成交转化率。

对消费者：消费者在观看直播时可以根据自己的喜好随时切换商品讲解片段，获得更极致的观看体验。

◆“直播看点”的优点

对于主播来说，学会使用“直播看点”功能有很多优点，具体表现在以下三个方面，如图 8-3 所示。

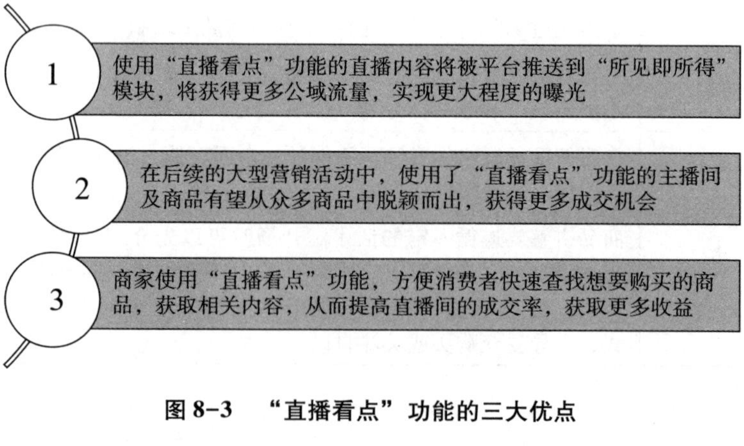

图 8-3 “直播看点”功能的三大优点

用户角度显示方式：

一是直播间使用了“直播看点”功能之后，用户点击直播间屏幕或者拉动时间轴可以快速查看每一个商品讲解时的看点内容，进而引导成交。

二是用户点击“快速查看宝贝讲解”中的任意一个宝贝时，直播间画面会跳转到该宝贝的内容，直到直播结束。

三是直播间使用“直播看点”功能之外，宝贝口袋会新增“直播看点”快速查看按钮，用户点击此按钮就能看到主播讲解视频，然后决定是否购买。

◆“直播看点”设置步骤

（1）设置步骤。“直播看点”功能设置要遵循以下三步，如图 8-4 所示。

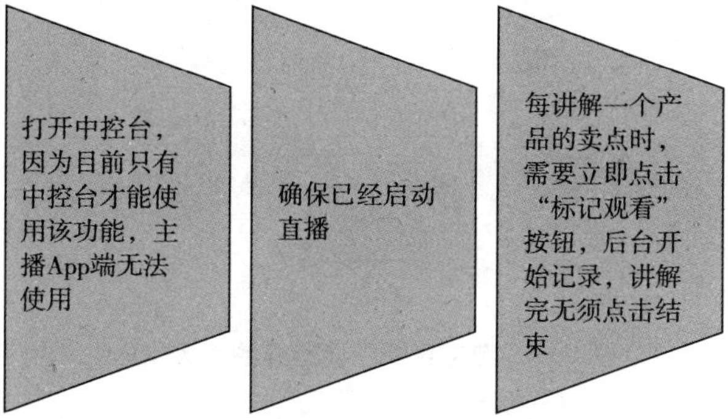

图 8-4 “直播看点”功能设置的三大步骤

“标记观看”的功能如下：第一，标记看点——点击之后开始讲解，无须再点击结束。第二，回看——点击回看之前标记的片段，检查之前的讲解内容是否与商品信息一致。第三，取消——点击取消表示要将之前已经标记的内容删除，主播要谨慎操作。

（2）注意事项。第一，确保直播间处于直播状态。第二，必须在中控台操作该功能。第三，确定使用“直播看点”功能的商品，在宝贝主图中有一张白底图。如果商品没有白底图，主播要自己调试。第四，主播讲解的所有内容都必须与“直播看点”标记的商品信息保持一致。

8.1.4 淘宝直播需要避开的六大雷区

淘宝直播作为一个新兴的推广营销渠道，可以给店铺带来源源不断的流量。在注意力经济时代，淘宝直播引起了广泛关注。虽然淘宝直播的引流带货功能非常强大，但在使用时必须注意避开雷区，以免被降权、被封号。具体来看，淘宝直播需要避开以下 6 大雷区，如图 8-5 所示。

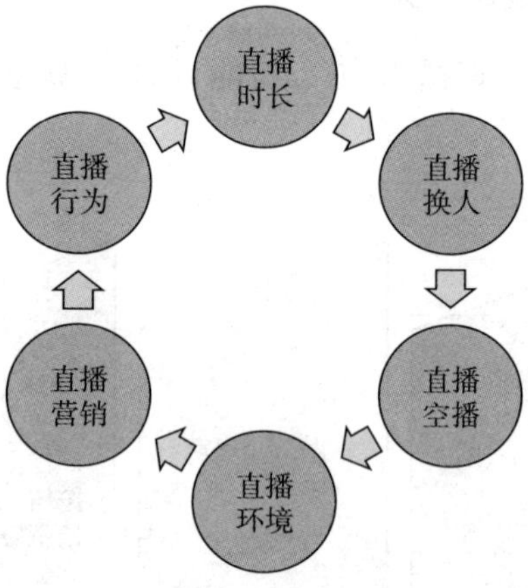

图 8-5 淘宝直播需要避开的六大雷区

（1）直播时长。直播时长是需要首先注意的问题，有的主播或店主是“佛性直播”——主播只顾玩手机或者做自己的工作，不说话，不与观众互动交流。如果主播在直播过程中离开镜头超过 10 分钟，或者直播时长太短、上架宝贝太少，都会被平台降权。

如果达人主播签约了机构，机构会对直播时长做出一定的要求。淘宝直播对直播时长是有要求的，最少 4 个小时。

如果是新人主播，为了保证更多的人可以看到你的直播，吸引更多流量，直播时长最好达到 6~8 个小时，甚至更长。

（2）直播换人。淘宝直播要求谁的账号必须由谁来直播，当然，此处只针对达人主播，店铺账号除外。例如，这个账号的主人是张三，结果直播间出现的是李四，一旦被平台发现就会被封号。假如是机构或者团队，原本的主播离开之后，最好重新申请一个账号。

（3）直播空播。顾名思义，空播就是直播已经开通，但是没有主播直播。

此类主播基本上是准备一块写字板或产品放在镜头前做无声宣传，一旦被平台发现就会受到处罚，处罚次数过多就会被封号或者关小黑屋，永远无法获得浮现权。

（4）直播环境。淘宝直播对直播环境没有硬性要求，但主播不能因此不关注直播环境。如果直播环境灯光昏暗、物品摆放杂乱、嘈杂声太大，短期可能不会产生什么不良影响，但如果长期如此，不仅会影响主播的心情、心态，还有可能被降权。

（5）直播营销。虽然直播只是一种营销方式，但如果没有优质的内容就无法吸引消费者，引导消费者下单购买。

虽然直播内容多种多样，但无论直播画面还是语音或者别的形式，都不允许出现 QQ、手机号以及包含淘系在内的二维码等联系方式，一旦被平台发现就会被封号。

（6）直播行为。一场淘宝直播最关键的就是主播。作为一个面向公众的平台，淘宝直播要求主播穿着得体、行为规范、传递正能量。如果主播在直播中出现违规行为，或者谈论政治敏感话题，或者穿着暴露、语言露骨、抽烟酗酒，一旦被发现就会被封号。总而言之，淘宝主播必须态度端正，遵守平台规定，认真做直播，避免踩到上述雷区。

8.2 选品攻略：五分钟找到“潜力爆款”

8.2.1 淘宝直播卖货选品规范与细则

◆什么是直播选品机制

淘宝直播有很多直播间，几个内容主题一样的直播间可以同时向同一个“栏目”投稿，这些内容主题相同的栏目就会组成“频道”。选品机制就是针对不同栏目的主题要求，规定只有符合主题要求的商品才能在直播间的宝贝列表中出现。例如，女装类栏目，主播只能在直播间发布女装类产品，发布化妆品或者鞋包均无效。

具体来看，淘宝直播的选品机制如下：

无论是预告还是直播，只要发布的商品不符合栏目的直播规则，就会发布失败。

如果直播的商品在发布预告时已经上线，即便不符合栏目的选品规则，这场直播也不会受影响。

主播要按时发布商品，逾期将无法发布。

主播可以选择 PC 中控台或者淘宝直播 App 发布预告。

商品所在店铺 DSR 三项分数必须在 4.6 分以上。

商家如何查询店铺的 DSR 评分呢？

方法一：进入商品详情页，下拉看到店铺名字及店铺评分。

方法二：进入店铺点击店铺头像，进入店铺介绍页面查看店铺评分，如图 8-6 所示。

图 8-6　查看店铺 DSR 评分的两种方法

◆选品注意事项

在选品时，主播要注意以下几大事项：

第一，商品来源是否正规？商家有无进货凭证？是否得到了厂家授权？

第二，商品库存与实际货品备货量是否相符？

第三，样品是否存在明显的质量瑕疵？商品价格是否低于市场同款？

第四，对于商品来源及商品的实际库存，主播是否进行过实地考察？

第五，店铺商品的页面描述是否清晰？

第六，淘宝平台规定，每个直播间可以有 20%的商品不受选品规则影响。例如，直播间已经发布了 4 个符合规定的商品，可以发布一个不符合规定的商品，以此类推。

◆选品答疑

（1）怎么判断要发布的商品是否符合栏目选品要求？

首先，查看栏目要求；其次，发布产品预告时，系统会根据栏目要求对商品是否符合规定做出判断。如图 8-7 所示，红底白√代表商品符合要求且已经选定，白底灰√代表商品不符合要求而且无法选定，灰底白√代表商品符合要求尚未选择。

（2）发布商品预告时就可以验证直播间的宝贝是否符合要求吗？

发布商品预告，点击“添加宝贝”时就可以验证发布的商品是否符合要求。为保证所有商品都能通过审核，建议主播发布预告时将商品发布出来，通过微淘等渠道将商品提前展示出来，以增加商品在直播频道被推荐的机会。

（3）如何确定发布的商品属于全球购现货或全球购代购的商品标识？

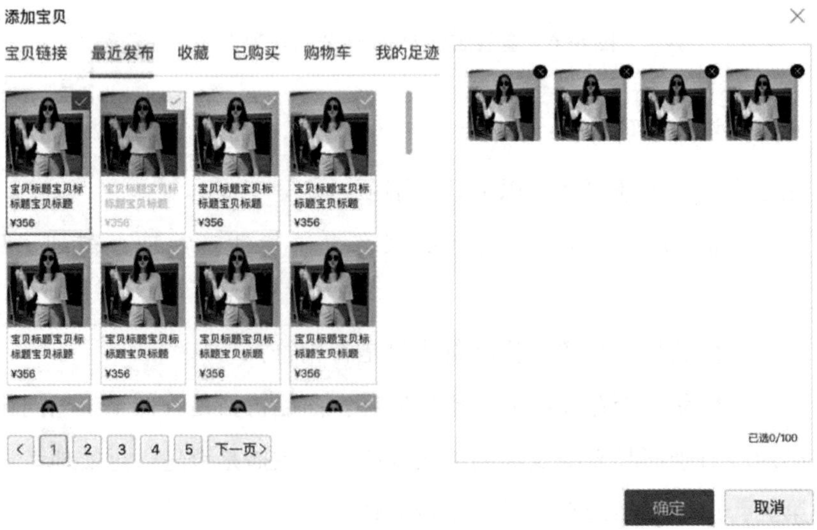

图 8-7　系统自动判断商品是否符合要求

只要能在商品详情页看到“全球购”的标识即可，如图 8-8 所示。

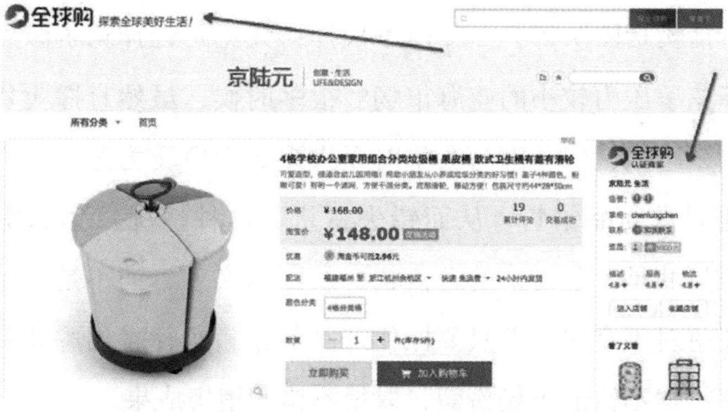

图 8-8　带有“全球购”标识的产品

8.2.2　淘宝直播卖货的五大选品误区

对于淘宝直播来说，选品非常重要，直接关系到直播卖货团队是继续壮大规模还是走向衰落。即便是淘宝直播卖货团队进行过市场调研、竞品分析，并且考虑到成本压力、利润空间，但很多时候，直播卖货效果依旧不尽如人意。在选品过程中，直播卖货团队只有避免踩到以下五个常见“雷坑”，才能持续提高商品销量，扩大团队规模，如图 8-9 所示。

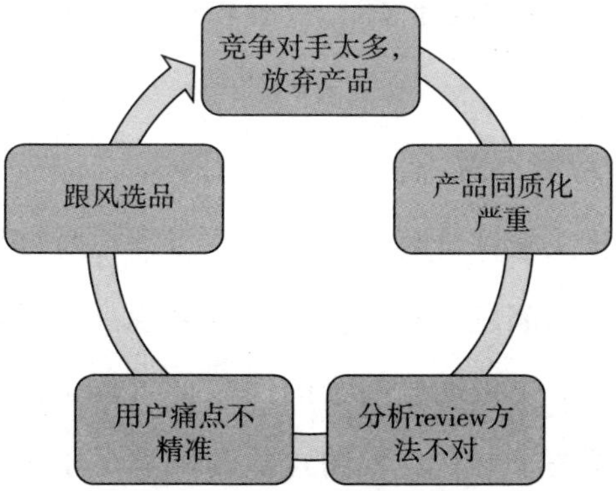

图 8-9　直播选品的五大误区

◆竞争对手太多，放弃产品

许多直播卖货团队都会面临两难抉择：究竟是选择竞争激烈的红海市场还是选择竞争压力较小的蓝海市场？很多时候，虽然直播卖货团队发现某些商品销量不错，但会因为竞争对手太多、竞争压力过大放弃销售，转而选择其他同类商品销售，从而错失良机。这种情况发生的主要原因在于，主播分析的是竞争对手的运营状况及团队实力，而不是竞争对手的数量。即便竞争对手众多，但只要抓住产品的销售规律，洞悉买家的消费诉求，也能够占据不错的市场份额，取得不错的销售成果。

◆产品同质化严重

当直播卖货团队发现竞争对手的一款商品卖得不错，毛利润超过了30%，就会想当然地认为只要将产品的毛利率降到20%左右，就能形成价格优势，商品销量就会更好。如果直播团队这么简单的考虑问题，卖货过程一定会出现大问题。一方面，如果竞争对手占据极高的市场份额，一定不会畏惧“价格战”，在此情况下，直播团队就会陷入继续降价无法保证盈利，甚至会大幅亏损，保持原价无法撼动竞争对手的尴尬境地。另一方面，从用户角度出发，竞争对手的用户资源更丰富，拥有稳定的粉丝群体。如果主播没有稳定的粉丝群体，没有较高的知名度与影响力，很难取得买家的信任。

◆分析 review 方法不对

直播团队在分析买家评价时一般只关注差评，对好评置之不理，这样的分析方式存在一定的问题。对于直播团队来说，分析好评可以更深入地了解买家需求。首先，可以明确买家的使用场景，从而更好地明确商品定位；其次，买家愿意写下好评，说明这款商品满足了其需求。直播团队只有清晰地了解商品的核心卖点，才能更好地解决买家的问题。

◆用户痛点不精准

在某些情况下，因为场景不对、心情不好或者期待值过高，买家会对收到的商品产生抱怨。只有能够解决买家抱怨、直击买家痛点的商品才具有广阔的市场前景。如何从用户抱怨中准确捕捉到买家的痛点呢？直播团队可以从以下三个方面考虑。

（1）统计买家对某一类问题抱怨的比重，从买家反馈最多的问题开始解决。

（2）考虑解决问题的成本。如果问题的解决成本过高，导致商品的提价幅度让买家难以接受，可以暂时搁置这类问题。

（3）模拟和体验买家行为，从买家角度思考商品的使用体验。

◆跟风选品

不要跟风选品。对于不具有长期性需求的商品，一旦热潮过去，盲目跟风会导致库存积压，仓储成本过高，即便低价处理也会产生一定的清理费用。

总而言之，如果产品销量不佳，可能是运营效果不好，也可能是前期选品踩到以上五个“雷区”。因此，直播团队在选品时要多加留心，用更科学的方式挑选合适的商品。

8.2.3　淘宝直播卖货的八大选品策略

对于淘宝直播来说，选品是否科学非常重要。一般来说，淘宝直播选品可以采用八大策略，如图8-10所示。

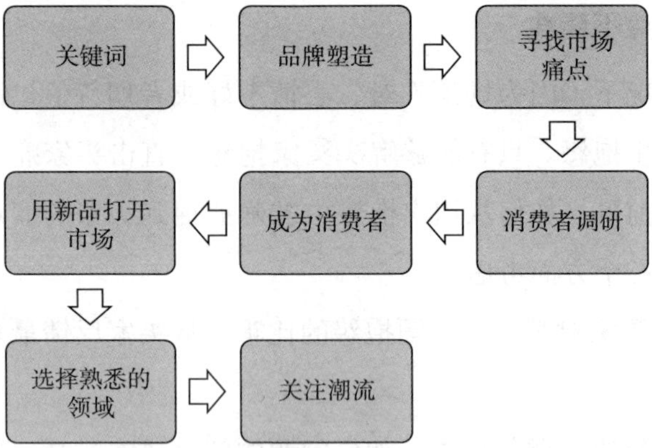

图 8-10　直播卖货的八大选品策略

（1）关键词。第一种选品策略是关键词选品。通过搜索关键词，对比各个参数，明确选品方向。一般来说通过“搜索量 * 商品关联度/搜索结果数”可以确定选品关键词。

搜索量：搜索量越大，表示潜在买家越多。高搜索量不意味着高商品转化率，选择的关键词与商品的关联度越高，商品转化率就越高。

搜索结果数：搜索结果与竞争压力息息相关。搜索结果越多，表示竞争者越多；搜索结果少，表示竞争者较少，有可能获得不错的销量。另一种值得注意的关键词是长尾关键词，虽然搜索量比不上核心关键词，但是商品关联度比较高。多选择这一种关键词，不仅有助于提高商品曝光度，而且可以提高广告费的性价比。

（2）品牌塑造。选品的过程其实是思考如何打造品牌的过程。虽然一个品牌不需要做到人尽皆知，但独一无二的品牌形象对提高销量大有裨益。做好品牌塑造有利于建立商品调性，让喜欢这种调性的买家成为自己的忠实粉丝，是吸引粉丝的重要手段。例如“淘宝第一卖货女王”薇娅就向买家传递了“重视性价比”的品牌调性，积累了一批追求物美价廉商品的粉丝。

（3）寻找市场痛点。进入新兴市场，寻找市场痛点是一种非常有效的选品策略。发现买家的潜在需求，为其提供契合其需求的商品，可以极好地保证商品销量。但是如果面对一个成熟市场，就需要寻找比较明显的市场痛点。例如，在竞争激烈的美妆市场，李佳琦就切中了年轻女性“选择困难”的痛点，通过亲自试色，诚恳分析每款口红的适用人群，赢得了粉丝的信赖与认可。

（4）消费者调研。在确定大致的品类方向后，主播必须详细了解目标粉丝群体的需求，根据买家的特质为其推荐合适的商品。以化妆水为例，不同区域、不同年龄、不同职业的买家群体偏好不同类型的化妆水。经济能力较高的白领阶层更注重品牌，收入相对较低的工薪阶层更看重性价比。因此，主播要根据粉丝需求，推荐对方愿意接受的商品。

（5）成为消费者。在制作选品方案时，主播可以转变身份，尝试从买家角度考虑问题，思考如何呈现商品卖点？如何进行文案宣传？如何采取有效互动？直播团队只有具备站在买家角度挑选产品的能力，才能挑选出备受买家青睐的商品。

（6）用新品打开市场。通过市场调查发现一个蓝海市场后，直播团队要评估这个新市场的盈利空间，以及需要多少成本，采用何种投放方式去接触目标粉丝群体。与此同时，直播团队还要调查潜在竞争者的团队规模、运营方式等，最大限度地了解竞争对手，以免挑选到同类商品。最后，直播团队还要根据实际考察情况做出是推广全新商品还是更新现有商品的决定。

（7）选择熟悉的领域。直播团队可以选择自己更熟悉的行业进入。因为相较于陌生领域来说，自己熟悉的行业拥有更丰富的经验与资源。在选品过程中，在与商家谈判，与平台商议时，直播团队会更有底气。

（8）关注潮流。时刻关注当下的流行趋势，关注爆款产品。直播团队只有持续关注所售商品的市场发展方向，才能更好地把握买家的消费心理。直播团队对于市场潮流的预判，一方面，有利于明确选品目标，是选择长期性需求的商品还是选择时效性较强的潮品；另一方面，只有紧随市场发展趋势，才能挑选出能够获得买家青睐的商品。

8.2.4 淘宝直播卖货的“三维选品法”

在直播卖货的过程中，主播自身的带货能力很重要，所要出售的商品类型也很重要。具体来看，淘宝主播选品可以从以下三个维度进行思考，有效提高商品销量，如图 8-11 所示。

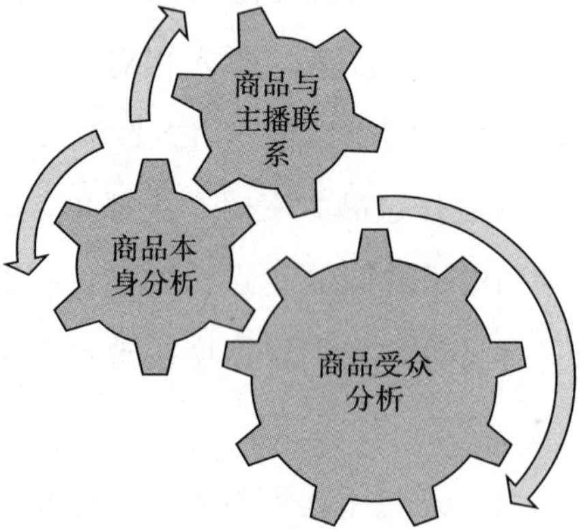

图 8-11 淘宝直播选品的三大维度

◆商品受众分析

如果主播本身具备一定的粉丝基础，但是缺乏货源渠道，首先要明确粉丝群体的基本情况，包括年龄、性别、经济水平、职业选择等，然后选择适合自己粉丝的商品进行推荐。每一个粉丝群体都有特定的消费偏好，例如，作为一名服装类主播，粉丝群体以都市白领居多，就要推荐一些正装、小香风等类型的服装；如果粉丝群体比较重视商品的品质，就要为其推荐一些品牌服装。

◆商品本身分析

不是所有商品都可以用直播的方式进行销售，一般来说以下五类商品最适合直播，如图 8-12 所示。

第一类，快消品。快消品具有方便快捷的特点，买家群体规模庞大，拥有广阔的消费基础。再加上物流便利，买家的购买意愿很强，适合直播推销。

第二类，重视过程消费的商品。在注重“健康”“安全”的社会，买家越来越重视商品的生产过程。例如，关心食材是如何种植的？工艺品是如何制作的？食物是如何加工的？通过直播卖货，买家可以更直观地了解产品的生产流程，对主播及其推荐的产品产生信任。例如流行的村播，买家通过观看主播亲自挑选农产品，对农产品的质量产生认可，从而下单购买。

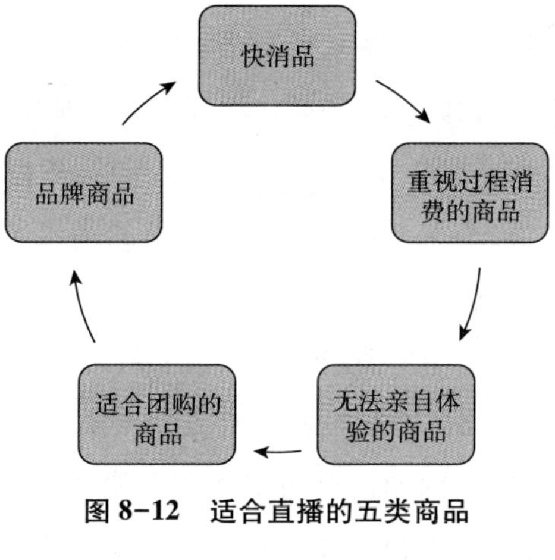

图 8-12　适合直播的五类商品

第三类，无法亲自体验的商品。直播卖货的一大好处就是帮助买家解决他们无法亲自体验商品的问题。在直播卖货的过程中，主播试吃、试穿、试戴，虽然买家无法亲自体验，但是可以通过主播的表情动作、语言评价来决定是否购买。这种方式解决了买家因为信息不对称无法快速做出购买决策的问题。

第四类，适合团购的商品。作为一种新形态的团购方式，直播卖货能够在积累到一定人气后，向粉丝推荐一个或多个商品（服务）。所以，那些适合在拉手网、58 团购网等团购网站销售的商品和服务，同样可以在直播卖货中取得不俗的销量。

第五类，品牌商品。最后一种类型是本身具有较高知名度的品牌商品。买家对这类品牌商品具有一定的认知度和好感度，乐于购买，因此主播推荐这类商品都能获得不错的销量。

从上述五点可见，一般主播推荐的商品都具有高品质、用途广、性价比高等特点。在卖货过程中，主播要将商品与买家的生活联系在一起，让买家感受到购买这类商品能够满足自己的心理需求。

◆商品与主播联系

主播不能仅以盈利为目的去卖货，在推销商品之前，要对商品有所了解，不要产生任何抵触情绪。主播只有真心地喜欢商品，才能感染粉丝，让粉丝也喜欢上这款商品。例如，淘宝头部主播雪梨曾向粉丝推荐一款自己喜欢的马来西亚燕窝，所有产品在 10 分钟内售罄，创下了燕窝单品超过 500 万件的销售纪录。另外，主播推荐的商品必须与自身定位匹配，同时在阐述商品卖点时要简单易懂，要在短时间内将商品卖点与买家诉求联系在一起，让买家产生消费欲望，乐于购买。

如何提高主播与商品的匹配度呢？首先，主播要明确自身定位，为自己选取合适的身份标签。例如，提到李佳琦，就会想到“口红一哥”；提到女神瓦萨比，就会想到“2019 年最受欢迎的珠宝类主播”等。只有做好主播与商品的匹配，才能切实保证直播带货的效果，避免产生资源浪费。

8.3 技巧分享：让直播吸粉卖货更简单

8.3.1 淘宝直播的三大“私域流量”

目前，在互联网领域，流量思维与用户思维博弈是一个备受关注的话题，即认为流量与用户必须二选一。但笔者认为，流量与用户可以共存。放在淘宝直播领域，就是指用流量思维吸引公域引流，用用户思维提升私域流量的黏性。

私域流量是什么？简单来说，私域流量就是属于自己的流量，例如自己的微信群、QQ 群。主播所处的平台不同，对应的私域流量也不同。在淘宝平台，对于商家来说，凡是可以主动掌控的流量都属于私域流量，包括旺旺粉丝群、微信粉丝群、微淘、付费推广等。

◆旺旺 & 微信粉丝群

每个电商主播都想创建自己的微信粉丝群，因为微信粉丝群的活跃度比较高，可操作空间比较大，但是淘宝直播间不允许引导粉丝加入微信群。在此情况下，旺旺粉丝群成为一个过渡工具。具体来看，旺旺粉丝群具有六大功能，如图 8-13 所示。

微信粉丝群具备上述所有功能，但有一项需要注意，即旺旺粉丝群可以直通直播间，而微信粉丝群需要通过淘口令进入。但相较于旺旺粉丝群，微信粉丝群的活跃度更高，而且不受淘宝规则限制。因此，淘宝商家可以利用旺旺粉丝群向微信粉丝群引流。

1. 旺旺群是粉丝联系主播的重要通道。如果直播间开展抽奖等活动，获奖粉丝需要通过旺旺联系主播领取奖品。
2. 直播团队每天都会在群内发开播红利，例如现金红包、优惠券等，提醒粉丝及时进入直播间观看直播。通过这种方式，直播团队不仅可以美化粉丝回访数据，还可以提高直播间的热度。
3. 直播团队可以在旺旺群发商品预告及直播活动，虽然旺旺群的活跃度不高，但是因为粉丝基数比较大，发布的内容可以被很多人看到。
4. 在直播过程中，主播可以在旺旺群发布一些爆款产品或吸引力较强的活动，吸引粉丝进入直播间观看，提高流量转化率。
5. 直播团队可以利用旺旺群开展售后工作，提高粉丝黏性。
6. 直播团队可以利用旺旺群与粉丝互动，塑造主播形象。

图 8-13　旺旺粉丝群的六大功能

◆微淘

微淘在手机淘宝的第二个导航页，位置非常好，涵盖的内容也非常多，包括图文、短视频、直播等。在淘宝体系中，微淘相当于一个内容创作平台，承担着内容编辑与发布等诸多任务。有人将微淘称作淘宝内部的微博，这一说法并不全面。因为用户在微淘发布的内容不仅可以在微淘页面显示，还有机会出现在哇哦视频和有好货等频道，可以通过多个渠道帮商家获取公域流量、赚取佣金，也有可能进入淘宝直播、猜你喜欢等频道。另外，微淘经常面向创作达人推出一些活动，活动奖励都比较丰厚，主播可以积极参加、尽力争取。

◆付费推广

淘宝直播可以利用付费推广吸引粉丝，获取私域流量。淘宝平台的付费推广渠道有很多，例如手机淘宝的钻展 banner、淘宝直播频道的直播广场、微淘的信息流广告与粉丝置顶广告等。淘宝商家可以根据自己的经济实力、目标用户群体选择合适的渠道，在成本可控的情况下吸引更多流量。

8.3.2 淘宝直播的三大“公域流量”

对于淘宝平台的商家来说，公域流量非常重要。为了能更快、更多地抢占公域流量，商家必须对淘宝直播的流量入口与入选机制进行全面了解，了解用户会通过哪些渠道进入直播间。目前，淘宝直播最大的公域流量主要来自淘宝直播频道的主入口、猜你喜欢的直播频道和淘宝直播 App，如图 8-14 所示。

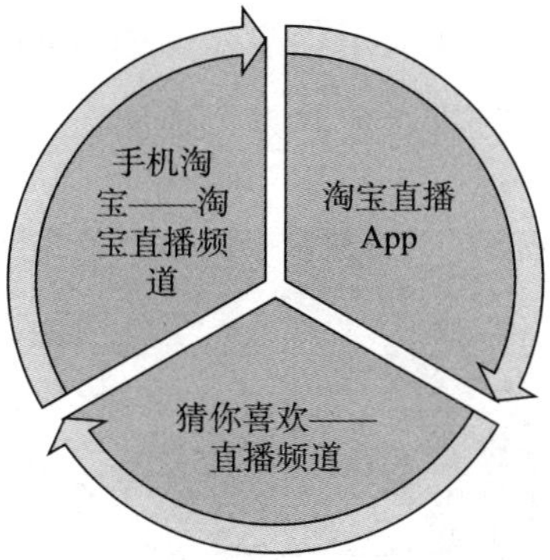

图 8-14　淘宝直播公域流量的三大来源

◆淘宝直播 App

淘宝直播在 2019 年春节推出一款独立 App。这款 App 有三大功能：一是操作简单，满足不同用户的使用需求。例如用户通过手机淘宝 App 进入直播至少需要三步，而淘宝直播 App 只需要两步。二是这款 App 可以吸引直播购物领域的垂直用户。手机淘宝 App 中的内容非常多，直播购物用户只占很小的比例，而淘宝直播 App 是一个垂直电商直播购物平台，直播购物用户占比极大。三是对标在电商领域积极布局的抖音与快手，巩固自己在电商领域的优势地位。

淘宝直播 App 的页面非常简单，点击进入之后会看到一个“关注”按钮，点击就能看到自己关注的主播，后面是 18 个分类，包括精选、新势力 X、珠宝、鲜花萌宠、美食、大牌馆、穿搭、逛市场、汽车、买全球、家居、男士、旅行、美妆、母婴、乐活、村播、潮电。

Tab 栏下面是直播间，进入直播间，用户可以看到很多信息，例如观看量、封面图、小头像、昵称、点赞数、直播标题、宝贝的价格和小图片，如图 8-15 所示。对于主播来说，App 只是一个展示平台，想要提高点击率与观看量，主播必须对展示在用户面前的信息进行精细化处理。直播间的点击率越高，获得的流量越多，获得的平台展现机会也越多。因此，直播间必须想方设法优化展示信息，对封面图、昵称、直播标题、宝贝价格与图片进行精细化处理，尤其是封面图。

图 8-15　直播间显示的信息

直播间封面图设计切忌名不副实。封面图要具有较强的吸引力，让用户看到就想点击进入直播间。除了必须与直播内容有关之外，直播间封面图设计还可以采用以下五种方式：第一，使用新奇的图片；第二，使用高清美图；第三，使用带有喜剧感的图片；第四，使用可以引起用户共鸣的图片；第五，使用包含潮流热点的图片。

另外，标题也非常重要。直播间想要设计一个具有吸引力的标题必须做到两点：第一，内容尽量表现利益点，有特色，能够体现直播间的定位；第二，形式新颖，读起来音韵和谐、朗朗上口，有条理，容易打动用户，被用户记住。

直播间的最后一个商品非常重要。首先，主播要根据粉丝需求精心选择商品，保证该商品对粉丝具有较强的吸引力；其次，主播要精心挑选主图，设计标题，吸引用户点击购买。

◆猜你喜欢——直播频道

猜你喜欢是利用淘宝大数据算法，根据用户搜索、浏览、收藏、加购、购买等行为，推测用户感兴趣的内容与商品进行有针对性的推荐，以提高转化率。猜你喜欢的第三个 Tab 是直播，用户点击之后可以看到直播间，除第一个是用户关注的直播间的合集外，剩下的直播间都来源于系统推送。

◆手机淘宝——淘宝直播频道

手机淘宝的直播频道属于元老级入口，也是目前流量最大的入口，以下重点阐述两个方面：

（1）利用直播频道入口的所见即所得规则提升流量。手机淘宝直播频道的入口通常会出现一张图片，即用户点击进入直播频道之后，在焦点图下方看到的第一个图片，这是手淘直播频道的所见即所得。通过观察可以发现，焦点图下方的第一个小图片一般来源于微淘视频，因此主播团队要多发微淘视频，尤其是与商品有关的微淘视频；后面两个小图片都是直播看点，这提醒主播团队要多录制直播看点。其实，直播看点的录制非常简单，只需轻点鼠标即可。直播看点不仅能为直播间带来更多额外流量，还能提升直播间的流量转化率，一举两得。

（2）关注有礼。除“我的关注”与“精选”之外，其他 Tab 页往下翻能看到一个名为“关注有礼”的栏目。直播间想要进入这个栏目，需要做到以下三点，如图 8-16 所示。

图 8-16　进入“关注有礼”栏目的三大要求

需要注意的是：

第一，福利必须具有较强的吸引力，只有这样才能吸引更多粉丝。

第二，如果主播将福利设置为优惠券，必须是自己店铺的优惠券。

第三，主播设置优惠券时需要搜索店铺优惠券。

淘宝平台规定，只有场均观看量不足 500 的新人主播才能进入“关注有礼”，但实际上，该频道也有很多场均观看量超过 500 的直播间。因此，无论是否是新开通的直播间，如此设置都是有益处的。

8.3.3 淘宝直播前的七项准备工作

接下来明确直播前的准备工作，如图 8-17 所示。

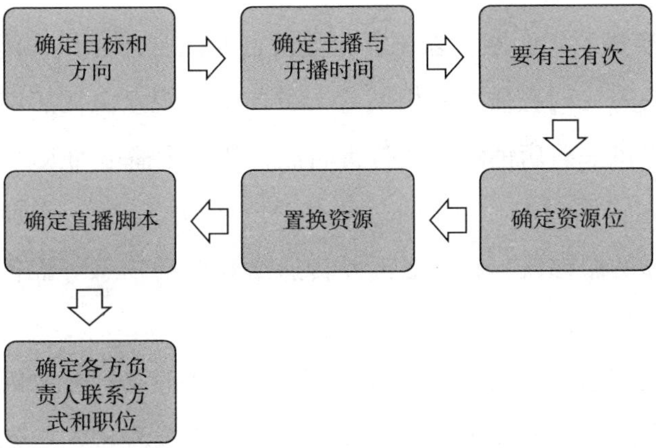

图 8-17 淘宝直播前的七项准备工作

（1）确定目标和方向。直播的目的主要包括上新、清仓以及打造爆款。如果上新是此次直播的任务，那么主播一开始就要直奔主题，通过各种奇妙、新颖的点子不断推动上新，充分调动起观众的购买欲望，然后综合分析每款商品的反馈意见，再集中精力为反馈最好的那款商品配货。而爆款的打造则不同，它主要是以一种反复推荐的方式给观众留下深刻印象。它的播出不是一次性的，而是每隔一小段时间返场一次，注意这时在直播中出现的推荐商品不能太多。

（2）确定主播与开播时间。直播内容要与主播类型相符合，卖化妆品的主播如果卖女装，必然 PK 不过大的服饰类主播。同时商家要与主播确定好开播时间，不同主播及其粉丝的空闲时间不同，为了成功带货，必须参照他们的时间，把直播时间确定下来，不能随意变动。

（3）要有主有次。商家要和主播沟通好哪些产品是这次直播的推广重点，例如有 30 款产品，其中 20 款是平时款，剩下 10 款是主推产品，而此次需要打造的爆款是这 10 款中的 3 到 5 款。

（4）确定资源位。商家应该努力获得更多的资源加持，可以通过一次直播做一些预热，将目光延伸向店铺及微淘置顶，而不是仅局限于官方的资源位。

（5）置换资源。商家可以在资源置换方面同主播合作，例如，主播如果能将店铺的关注同直播页面相结合，引导更多观众关注店铺，那商家也可以为主播提供一些店铺免单或打折名额，帮助主播增加人气。

（6）确定直播脚本。对待直播要有一个严肃的态度，提前将相关产品的亮点、主播的服饰仪容和主播需要传递给观众的信息等准备好，确保直播能够取得较好的效果。

（7）确定各方负责人联系方式和职位。如果直播过程中突发意外，直播团队必须及时联系相关负责人。例如，在直播过程中，预先安排好的购物券或库存突然秒光，直播团队必须马上联系各方负责人，找到相关工作人员跟进突发情况，及时采取措施进行处理。

8.3.4 淘宝卖家如何挑选合适主播

一场淘宝直播有时能达成千万成交额，所以引起了广泛关注。而卖家与主播的合作方式是什么？淘宝直播的收费标准是什么？在挑选主播时又有什么注意事项呢？

◆商家怎么和主播合作

一是商家通过淘宝直播去挑选自己感觉合适的主播，然后点击主播头像，出现私信对话框后联系主播，主播看到商家的私信并有兴趣，会进行回复（回复在商家的旺旺中），之后就可以具体协商合作事宜，一般是先就价格问题进行沟通。

二是商家去 V 任务平台（v. taobao. com）下单，下单时找到直播那一栏，然后再挑选自己中意的主播。V 任务下单是与主播合作的必经程序，它能使双方权益获得保障。但主播不能私下接单，否则一经发现将会失去主播权限。

◆V任务平台如何开通

等级在三钻及以上且从未违规的商家，凭借自己的店铺主账号可以开通商家身份；等级未达三钻的商家在开通时需要报名审批。V任务平台的网址是：v. taobao. com。

◆挑选淘宝主播该考虑的因素

淘宝主播挑选需要考虑四大因素，如图8-18所示。

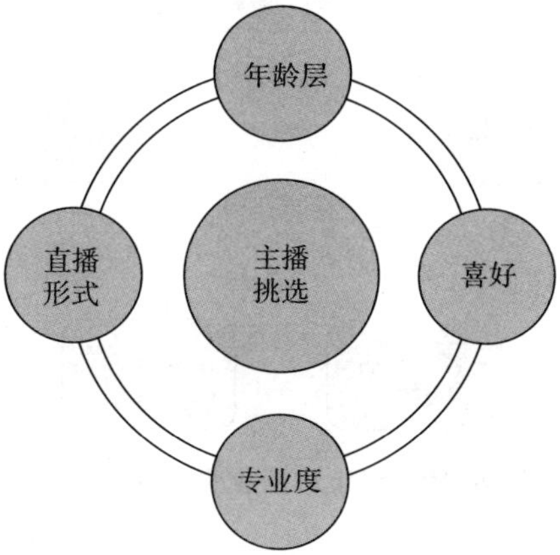

图8-18　淘宝主播挑选需要考虑的四大因素

（1）年龄层。主播的粉丝大多处于与主播相同的年龄层，商家根据自己产品所适应的年龄层来挑选相应年龄层的主播，以保证宣传效果，吸引适龄用户，提高流量转化率。

（2）喜好。商家需要清楚主播是否喜欢自己经营的商品类型。如果商品能够被主播接受，就能被主播的粉丝接受，从而更好地完成购买转化。

（3）专业度。专业度高的主播对商家经营的产品类型会更加了解，当商家给主播发送商品信息后，主播会比较快地掌握产品的详细信息，在直播时将产品介绍得更加全面，有助于商品的购买推广。

（4）直播形式。直播形式主要包括推荐产品和输出信息两种。如果商家选择推荐产品，主播在直播时就会侧重提高商品转化率；而商家选择输出信息，就会增加产品的曝光度，影响商品的转化率。

◆**淘宝直播怎么收费**

淘宝直播的收费涉及多方面内容，主要包括成交转化率、淘宝直播点赞 ID 人均、淘宝直播间内容质量分、客人到店数量、访客数量这五种，如图 8-19 所示。

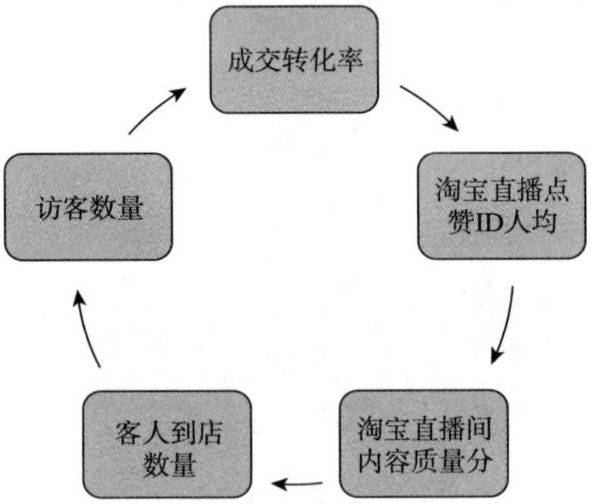

图 8-19　淘宝直播收费的五大因素

第一，成交转化率比较容易理解，它是指在观看淘宝直播的用户中，有多少人下单购买了商品。购买人数越多，主播能够得到的佣金越多。

第二，淘宝直播点赞 ID 人均决定着直播的排名，它是通过用点赞总数除以观看直播的总人数来获得。

第三，淘宝直播间内容质量分主要用来衡量直播的环节是否完整、内容是否优质充实。

第四，客人到店数量是指通过直播来到淘宝店铺的观众的数量。它体现着淘宝直播的目的，即为店铺吸引流量，提高转化率。

第五，访客数量是指实时观看淘宝直播的总人数。这个人数越多越好。

直播平台中最重要的角色是主播，想要留下一个优秀的主播，首先要让主播有钱可赚。淘宝直播的佣金目前是按照 1∶2∶7 的比例分配，即给阿里巴巴 10%，给淘宝直播 20%，给淘宝直播机构 70%，主播的佣金由机构分配。在这种分配方式下，入驻淘宝直播的主播比签约主播获得的佣金更多，这样更有利于留住优秀主播。

8.3.5 提高转化率的五大实用技巧

许多商家为提高自己店铺的转化率，选择通过淘宝直播推广自己的商品，甚至出高价邀请红人主播来做直播。具体来看，商家应该如何用淘宝直播提高自己的转化率呢？如图 8-20 所示。

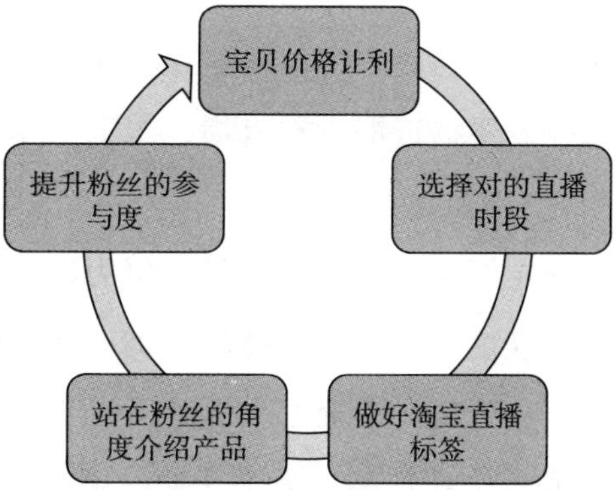

图 8-20 淘宝直播提高转化率的五大技巧

（1）宝贝价格让利。所有做淘宝直播的商家，其最终目的是增加宝贝的销售额，推广自己的产品。但在直播时，想要提高转化率，必须有吸引观众的地方。这可以从主播的角度出发，在为产品定价时保留些许余地，让价格有一个下降的空间；也可以通过在店铺中开展满减活动、经营一些互补商品来提高产品的附加值等，努力激发观众的购物欲望。

（2）选择对的直播时段。只有在人流量多的时间段，直播才能吸引更多的观众，提高购买数量，提升转化率，因此挑选一个好的直播时段至关重要。

直播时段的选择要参照主播和粉丝的时间，保守起见，最好选择上班族已经下班的时间段，例如 20 点之后。另外，主播在周末做两场直播也是不错的选择。此外商家最好安排一个直播预告，在直播开始前让更多的粉丝和观众了解到这场直播。

（3）做好淘宝直播标签。直播间想要让自己的流量更加稳定，最好不要更换直播内容，要始终直播相同类型的宝贝，努力形成属于自己的直播标签。

因为直播标签直接影响着直播间的排名。淘宝直播中各种类型的直播都有自己的排名，并且不同类型的直播排名互不干预，系统根据主播的直播内容及相关数据来评价主播。主播如果是化妆品直播却没有直播与化妆品有关的内容，这意味着主播近期没有直播，当下的排名与流量便很难再保持住。

因此主播必须要固定好自己的直播标签，努力做好一种直播品类，同时尽量提升直播间的专业度，对自己直播的同类产品信息达到熟练掌握的程度。这样才能积攒更多人气，汇聚更多流量。

（4）站在粉丝的角度介绍产品。为了让粉丝更容易接受某件产品，主播在介绍产品时应该从粉丝的立场出发，分析粉丝的具体需求，试着换位思考，不能强行推广产品。

主播要设想自己是为朋友考虑才将这件产品推荐出去，同时也可以将营销话术应用于推荐过程，以免让观众产生逆反心理。主播想要提升买家的好感，需要贴心细致地为观众进行推荐。例如当有观众问到敏感肌肤适用哪款洗面奶时，主播可以先分门别类地进行推荐，然后再谈论自己对产品的使用感受。当然，除了从粉丝立场出发介绍产品外，还有其他很多介绍方式，主播需要做到具体问题具体分析。

（5）提升粉丝的参与度。在直播时粉丝同主播的距离越近，越可能购买主播介绍的产品，因此主播要努力提升粉丝的参与度。只有当主播成为粉丝的朋友，取得粉丝的信任，才能让粉丝放心购买。在直播过程中，主播要努力提升粉丝的参与度，多与粉丝互动。例如当粉丝向主播提问时，主播先别急于回答，可以将这个问题拿出来做一个有奖问答的小活动，调动粉丝情绪，顺便回答粉丝提问，一举两得。总而言之，提升粉丝参与度的途径多种多样，主播可以根据自己的经验和智慧寻找更多方法。